江島詣《えのしまもうで》――弁財天信仰のかたち

鈴木良明著　有隣堂発行　有隣新書――84

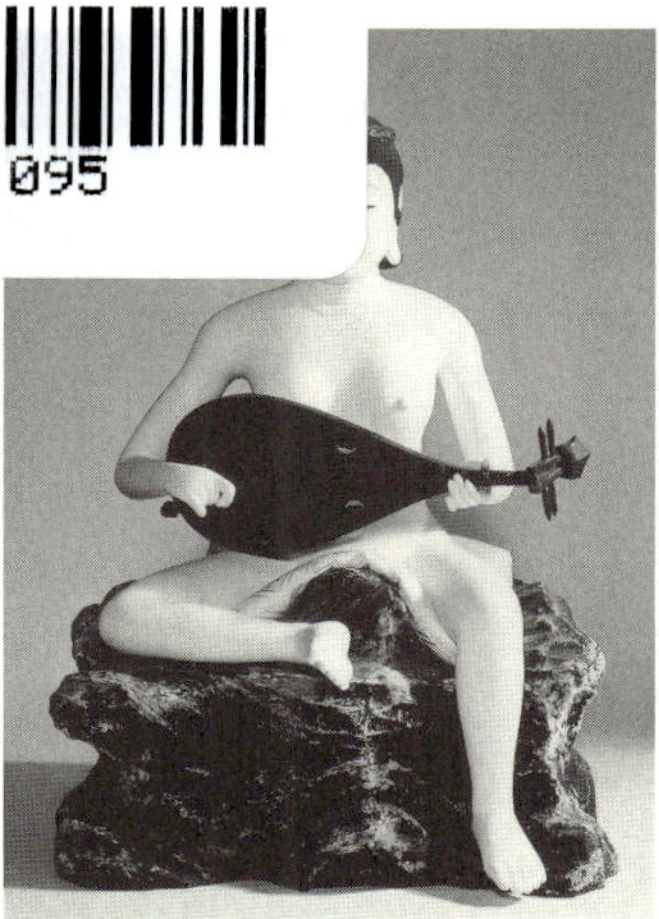

妙音弁財天
江島神社所蔵　（藤沢市観光協会フォトライブラリーより）

【凡例】

・江の島の名称は出典によりさまざまな表記がされてきた。江島、柄島、榎島、絵島、画島、などの字もあてられ、江の島、江ノ島、江之島、江野島とも、あるいは嶋と書くなどさまざまに表記されるので、本書では原則「江島」を用い、固有の名称や出典上の表記はそのまま採用した。
・弁財天については「弁才天」「辨才天」など様々な表記があるが、原則として「弁財天」とした。
・上宮・上ノ宮／上ノ坊は「上之宮／上之坊」に、下宮・下ノ宮／下ノ坊は「下之宮／下之坊」とした。
・本宮（岩屋・巌屋・巌穴・龍穴・金窟・龍窟・御旅所・本宮御旅所）については、出典により名称が異なることが多々あり、混在したままとした。
・「岩本院文書」からの引用については、断りの無いかぎり出典を省略した。
・原資料の引用にあたって旧字などは極力そのままとしたが適宜新字や平仮名になおした部分もある。
・読解しやすいように原文書を読み下し適宜補注を加えた箇所もある。

はじめに

江の島はゆうべ話して今日の旅　（『誹風柳多留』四・三三）
江の島は名残を惜しむ旅でなし　（同　九・二五）
江の島を見て来た娘自慢をし　（同　一・一一）

江戸の川柳である。当時盛んであった「江島詣《えのしまもうで》」をよく表した句である。江島はこの時代、海に囲まれた風光明媚な景観や、新鮮な魚介等で多くの人たちに知られていた。また、東海道からも程近く、砂州で繋がることなどから、女性などにも行きやすい場所であった。そのため気軽な数泊旅行に適し、近隣にある大山や鎌倉、金沢八景等とも併せ巡覧できる立地も幸いし江戸庶民の間に「江島」人気がでたのであろう。しかし、なにより「江島詣」の最終目的が、日本三弁財天のひとつとして名高い江島弁財天参詣であったことは言うまでもない。

今日、江島周辺には年間一〇〇〇万人にも及ぶ観光客が訪れている。対岸には、江ノ島電鉄、小田急電鉄、湘南モノレールが乗り入れ、各駅から徒歩で江島を目指す人々が多い。バスや自動車で渡ることもできるが、「江の島弁天橋」をゆっくりと徒歩で渡る楽しみは格別である。天気さえよければ江島を正面に向かい右手に富士山がよく見える。緑の江島と相模湾越しの富士の佳景をゆっくりと堪能できるからだ。

ところで、江島は地質学的に見ると、第三紀の凝灰岩及び凝灰質砂岩から成るといわれ、縄文期の海進によって離島となり、その後も波浪によって四周を削られて海食崖や海食洞を創り上げ、また隆起によって次第に現在の姿になったという。

江島の由緒を伝えた江島縁起に、欽明天皇の代に天女の垂迹《すいじゃく》とともに突如湧出して島ができたとなっているのも、江島の奇景が人知を超えたところに形成されたかの如くに映ったからにちがいない。その景勝は、古来より人々の興味をひき、奇異・奇景なる島として霊地や聖地の想いに連なり、ここに宗教者が注目して江島縁起を育み、弁財天の坐《まし》ますに相応しい島「江島」の創出を導いたのであろう。

江島縁起にみられるように島内には、本宮（岩屋）、上之宮、下之宮の三社（三宮）が創建され、それぞれに弁財天像が祀られた。神仏習合の定着した江戸時代に、三社は弁財天参詣で賑わったが、三社各々にいた別当《べっとう》たちが互いに競い合いつつ開帳や祭礼を行っていた。三社は神社でありながら仏教的な修法で弁財天の祭祀《さいし》を執行していたのである。

本書は弁財天信仰と江戸時代中期以降盛んになった「江島詣」の推移をたどるとともに、「江島詣」を支えた島内事情や支持者基盤層がいかなるものであったか、また社会的な影響、文化面への波及などについて、歴史的な流れに沿った形で概観したい。

もとより「江島」と弁財天信仰は古くから注目されていた話題であり、実に多くの情報が世に出ている。その研究についても歴史学、美術史、宗教史、民俗学などから分厚い蓄積がある。本書はこれらの成果に頼らせていただいたが、記述の基と成す史料は「岩本院文書」に負うところが多い。「岩本院文書」は江島の本宮を司った旧別当、岩本院に伝蔵された史料群であり、代々の継承者により大切に保存されてきたものである。今日これを披見することができる僥倖を謝したい。これらの史料無くして「江島弁財天」の歴史は語れない。

かつて「江島」は弁財天の島として人々を引き付け、明るく輝きに満ちた、きわめて個性ある島であった。小著がこのことを理解していただく、ささやかな手掛かりになればと願っている。

なお、本書をお読みいただく際の便に、現在島内にある江島神社の三社（辺津宮、中津宮、奥津宮）と、明治維新以前（神仏習合の時代）の名称や祭祀関係について次表に示しておいた。ご参考にしていただけたら幸いである。

付記：現在奥津宮の脇に龍神を祭神として「龍宮《わだつみのみや》」が建つ。当宮は岩屋が江島神社の管轄を離れ（第一岩屋最奥の一部を除く）藤沢市観光協会に移管されたため、平成六年になって岩屋洞窟の真上にあたるこの場所に鎮座した。

江島神社の三社と明治維新以前の名称、祭祀関係

現在の名称	明治維新以前の名称		明治維新以前の祭祀者・別当
岩　屋	本　宮	岩屋（巖屋・巖穴・龍穴・金窟・龍窟・洞窟・蓬莱洞）	岩本院（巖本院・岩本坊・中ノ坊）
奥津宮	御旅所	本宮御旅所（本社）	
中津宮	上之宮（上宮・上ノ宮）		上之坊（上ノ坊）
辺津宮	下之宮（下宮・下ノ宮）		下之坊（下ノ坊）

《目次》

第Ⅳ部　江島弁財天信仰のひろまりと「江島詣」……109

第Ⅰ部　江島弁財天信仰と江島縁起の世界

八臂弁財天　木造彩色弁財天坐像
江島神社所蔵（藤沢市観光協会フォトライブラリーより）

第一章　弁財天信仰の多様性

弁財天は日本では七福神の唯一の女神として知られ、琵琶を持ったその姿は弁天様として今日でも広く親しまれ、各地にその名を冠した堂社などもよく見かける。まことに身近な信仰の対象であることに違いない。

もともと弁財天はヒンドゥー教の女神サラスバティーだとされる。河川神として神格化され、弦楽器ヴィーナを持つ姿でも知られている。仏教に取り入れられ、「弁才天」「弁才天女」「弁才天神」などと漢訳されて、その後日本に伝わった。我が国で海、池、川などの水に関わる場所に多く祀られるのは出自が河川神だからであろう。

日本に仏教が伝来した最初期にもたらされた『金光明最勝王経《こんこうみょうさいしょうおうきょう》』の「大弁才天女品《ほん》」に、「弁才天」は、調伏《ちょうぶく》、音楽、弁舌、財富などさまざまな利益《りやく》があるとされ、その居住は「山巌深険」「坎（あな）窟（いわや）河辺」「大樹叢林」などであるとしている。そして、同経はその像容について、八臂《はっぴ》（八本の腕）にして各手に弓・刀・箭（矢）・矟（矛）・斧・長杵（長刀）・鉄輪・

羂索《けんさく》（縄）を持つとしている。

　また『大日経』などの経典に「妙音天」「美音天」として現れ、その姿は胎蔵界曼荼羅の中に琵琶を持ち、指は絃を弾くような二臂《にひ》の像姿としている。

　いっぽう、鎌倉時代の偽経「弁天五部経」には、弁財天が白蛇・老人の宇賀神（稲荷）と習合し「福」を施すと説かれた。宇賀神は日本固有の穀物神である。弁財天が河川神であったことから豊穣をもたらすと考えられ、日本独自の弁財天を創り上げた。その像容は、弁財天の頭頂にとぐろを巻いた蛇と老人の顔が据えられ、その前に鳥居が立つというまことに不思議な造像で表された。

題名不詳（江の島弁才天）　国芳
藤沢市藤澤浮世絵館所蔵

　弁財天は、こうした像容からも窺《うかが》えるように多様な利益を内包していると映り、人々のさまざまな願に応じてその時々に信仰を表出させた。弁財天は「弁才天」の表記が一般的に古いとされるが、いつしか「弁財天」へと変わっていった。自らの表記の変化は、時代や社会とともに人々の願望の在りどころと軌をいつにして、容易にこれに応え得る尊格であったことを象徴的に示しているように看える。弁財天が願いを託し易い対象として何時の世でも人気のあった所以なのである。

第二章 「縁起」の中の江島

第一節 残された江島縁起

◇縁起とは

縁起は「因縁生起」を略記した仏教用語である。仏教では世に現れる全ての現象は「縁」によって生ずると考えられ、その発端・始まりを「縁起」と解した。社寺などの創設や霊験は人力では起り得ないような奇跡等を確固たる個性的事実として記録化されたものが「縁起物語」である。全国各地にある神社仏閣などではそれぞれ固有の縁起が作成され存在するわけである。

江島の近隣でも、大山や箱根に伝わる古様の縁起はよく知られている。江島縁起もそのひとつに数えられるが、いくつかの伝本がある。

◇江島縁起の諸本

現存の江島縁起の主なものを列記すれば次の通りである。

A「江嶋縁起」一巻（真名本・享禄四年写）　江島神社所蔵

B「相州津村江之島弁財天縁起」一冊（真名本・元亨三年写）　神奈川県立金沢文庫所蔵

C「江嶌縁起」五巻・絵巻（仮名本）　岩本楼所蔵

D「江島縁起」五巻・絵巻（仮名本）　江島神社所蔵

E「相州得瑞嶋上之宮縁起」一巻（仮名本）　江島神社所蔵

大別すると、A、Bの真名本《まなぼん》とC、Dの絵を挿入した仮名本（仮名交じり本）に分けられる。内容はA、B本がほぼ同じで、A、B本の縁起内容に下之宮の創建縁起を加えたのがC・D本となっている。E本はA本にやや近い内容だが、上之宮の草創に栄西を登場させている点などが異なる。

現存の縁起等からその内容を検討すると、真名本が成立しそののちに仮名本絵巻などが成立したと考えられている。縁起諸本の内容や成立時期などについては後で触れることにしたいが、これらの縁起は、本宮（岩屋）、上之宮、下之宮の三社にそれぞれ異なった創建、由緒があることを明示した。「縁起」こそが各社の独自性を主張する重要な根拠となったのである。

仮名本「江嶌（嶋）縁起」（巻２－２段　天女と龍の画像部分）　藤沢市文書館寄託岩本院文書

◇真名本縁起のあらすじ

むかし、房（安房）・蔵（武蔵）・模（相模）の三か国の境である鎌倉と海月郡の間にある深沢に湖水があり、ここに五つの頭を持つ龍が棲んでいたと筆を起こす。五頭龍《ごずりゅう》は次第に災害・洪水などの禍を引き起こし人々を苦しめていたが、ついに人の子を喰うようになった。初めて人の子供を喰ったのが「初畩沢《はつくいざわ》」で、また、長者が自分の娘たちをも喰われ住居を移したので旧蹟《きゅうせき》を「長者塚」といい、村人も他所へ引っ越していったことから「子死越《こしごえ》」といった地名の起源を説く。

そこに、欽明天皇十三年（五五二）突如として大地振動して江島が湧出し、天女が童子・諸神を伴ってここに降った。この天女が弁財天であった。麗しい天女を見た五頭龍は天女の諭しで改心し、江島の対岸にある龍口山《りゅうこう》となり子死方《こしかた》明神を号し、垂迹した天女は江島明神を号したという。そして、天女の初めて垂迹した霊跡（金窟・岩屋）に、役行《えんのぎょう》者《じゃ》、泰澄《たいちょう》、僧道智《どうち》、弘法《こうぼう》大師、慈覚《じかく》大師、最後に安然《あんねん》和尚が来て、それぞれ数々の霊験・示現を語って終わっている。

真名本はこの安然和尚の霊験までで終わるが、仮名本C・Dには鎌倉時代の慈悲上人良真《りょうしん》の話が安然の来島譚に続いて述べられている。

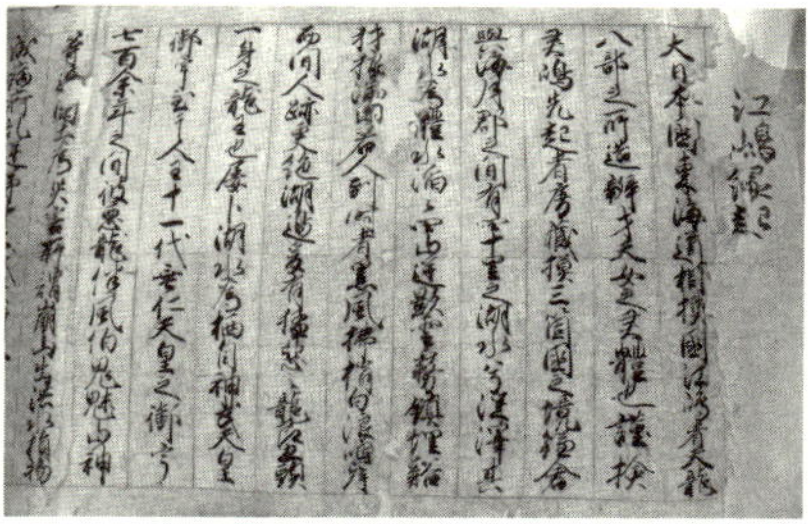

真名本「江嶋縁起」冒頭部分　江島神社所蔵

◇真名本縁起の成立と延暦寺阿闍梨皇慶

真名本（A本）は知られている限りの江島縁起類では最も古いものとされる。

漢字のみで書かれているのでこれを「真名本」と呼んでいる。他の縁起本が漢字と仮名交じりの表記や絵が挿入されるなど装飾性、視覚性を加えてあるものに比べ、真名本は近づき難い感があるかも知れない。

真名本は、その跋文《ばつぶん》（あとがき）に延暦寺阿闍梨皇慶《あじゃりこうけい》が、弁財天の神威《しんい》を示し万民の利益とせんがために慈覚大師の旧儀《きゅうぎ》や旧蹟を訪ねて古記を披《ひら》き、「永承二年（一〇四七）己（ママ）亥七月廿六日　丹波国於池上房所撰記也」とある。続けて

「以縁起法印前権大僧都澄憲、伝明禅法印、法印付忠舜法印…」と順次相伝者を書き連ねている。さらに応永二十年（一四一三）に傷んでいた縁起本を備州の鏡麗大徳が新写し、享禄四年（一五三一）には肥後の廻国沙門乗海が再び浄写《じょうしゃ》したものであると記されている。

これらの跋文に従えば、そもそもこの縁起は延暦寺の皇慶が永承二年に、丹波国池上で撰述《せんじゅつ》したのが最初であったという。皇慶は比叡山で天台密教を修学し、比叡山に弁財天を勧請《かんじょう》した学僧として知られ丹波国池上に隠棲《いんせい》したが、皇慶の学問を引き継いだ僧侶たちによってこの縁起が血脈《けちみゃく》相伝され、応永期になって新写、さらに享禄四年に浄写されたというのである。永承二年といえば平安時代の中頃である。鎌倉に幕府が開かれる以前に天台系の僧たちには「江島」という霊地の認識があって、そこに弁財天の祀られる縁起譚を見出して作成されたのがこの真名本縁起ということになろう。

◇真名本縁起と鎌倉生源寺

江島縁起の成立事情について、真名本縁起が「安然和尚記」を引用して、近江竹生島に棲む生身の弁財天によって叡山が繁昌して国家が安泰となっているのと同様、相模江島にも生身の弁財天が坐すのでこの国の繁昌となっている、との叙述に着目した興味深い指摘がある（福島金治「鶴岡八幡宮の成立と鎌倉生源寺・江ノ島」）。要約し紹介しておこう。

平安時代末期の鎌倉に生（松）源寺という天台宗の寺院があった。生源寺は鶴岡八幡宮ができると供僧《ぐそう》の墓所となったが、比叡山麓の坂本（滋賀県）にも同音名の寺院があった。寺名は天台宗の開祖最澄の生誕地（坂本）に由来するという。琵琶湖にある竹生島には比叡山と関係の深い生源寺があり、弁財天信仰が平安時代から根付いていたので、同じように鎌倉にあった生源寺と江島という天台宗系の世界観から江島の縁起が作られていったのではないかという説である。

江島縁起の作成が天台系の人々によって強く意識されたのは想像に難くない。しかも平安時代末期には比叡山の勢力が東国にもおよび江島も影響を受けていたと考えられ、比叡山や丹波で縁起が作成されたとしても全く不自然さはない。

ただ、縁起の成立時に疑問が無いわけではない。撰述者の皇慶は永承四年（一〇四九）七月二十六日に示寂《じじゃく》(高僧の死)しているので、撰述はその二年前ということになる。縁起撰述日「七月廿六日」と皇慶の示寂日が重なっていて疑問を感じるとし、直ちに縁起成立時をここに求めることもできないとの指摘である（『江島弁財天信仰史』）。

なお、最近の研究では、真名本の縁起の基となる話の制作者を地域事情に詳しい修験者と推定し、その後何度かの増補を加えつつ現真名本が成立したとする、興味深い研究もある（鳥谷武史「中世における宇賀弁才天信仰の研究―叡山と『江島縁起』」）。

◇真名本縁起の流布

確かに真名本縁起の作成を皇慶に仮託した可能性もあろう。しかし江島縁起が、天台系僧侶によって護持されてきた縁起であったことは確かで、また既に応永期に破損から新写されているのを見ると、少なくとも室町時代には江島縁起が世間に知られていたと見ることに間違いなかろう。謡曲の「江島（江野島）」はこの縁起に取材した内容であることも江島縁起流布の証左となる。

ところで「相州津村江之島弁財天縁起」（神奈川県立金沢文庫所蔵）という写本（B本）は発見されて久しいが、欠失部分があるものの内容は真名本の縁起（A本）とほぼ同じといってよく、本書の奥書に「元亨三年九月十五日写之了」とあって注目を集めた。両本が同一内容の縁起であるならば、筆写年時の元亨三年（一三二三）には真名本のような内容を持つ江島縁起が確実に存在していたことになるからである。少なくとも鎌倉時代の終り頃までに江島縁起（真名本）が成立し流布していたことを明らかにした。

◇真名本縁起から垣間見える事実

「縁起」は史実に程遠いものと言われがちだがまるで虚構の世界ばかりではない。鎌倉と海月郡の間の深沢に湖水があったとするが、地勢的に観れば、「海月郡」は「久良岐郡」（横浜市南部）を指すものと考えられ、氾濫を繰り返していた柏尾川（藤沢市片瀬に灌ぐ）の氾濫原に深沢の湖水があったと想起される。洪水などを引き起こす柏尾川は「龍」の仮託であろう。「初噉沢」（初沢口）「長者塚」（長者窪）という小名や「子死越」（腰越）という村名も、江戸時代後期の幕府により編纂された『新編相模国風土記稿』（以下『風土記稿』と略記）に記載されている。また、江島が突然に湧出したとするのも、地震などにより隆起した島であったとする地質学的な知見から事実とみてよいであろう。

だが、天女の出現が欽明天皇十三年（五五二）であったことは史実として捉えられようか。このことをもって事実と見るに躊躇されるだろうが、考えて見れば、じつはこの年は、我が国へはじめて仏教が伝来したという時にあたっている（『日本書紀』）。縁起の編者が日本の仏教の出発点を強く意識し、しかも地域の事情や情報を巧みに取り込みつつ制作したことを窺えるように思う。

【コラム】謡曲「江島」と江島縁起

謡曲「江島」は戦国時代の能楽師観世弥次郎長俊の作品とされる。欽明天皇十三年に相模国江野の海上に島が湧出し弁財天が影向されたので勅使が下向する。その折に「シテ」の漁翁（五頭龍の霊）が現れ、勅使の尋ねに応じて島湧出のさまや弁財天とその夫である五頭龍のよしみを語り、自身が五頭龍であるといって消え失せる。そこに弁財天（ツレ）が十五童子を従えて現われ、勅使に如意宝珠を捧げ、国土守護を誓って天に上る、という神を「シテ」とする脇能である。内容が江島縁起を題材としていることは明白である。この頃の江島弁財天信仰の広がりを示すものであろう。「日本三弁財天」の一つの竹生島にも弁財天と龍神の物語を題材とした謡曲「竹生島」がある。謡曲「江島童子」も江島縁起や弁財天利益を取り込んだ作品である（『古今謡曲解題』）。

第二節　江島縁起に見える来島の宗教者と三社

◇真名本に見える来島の宗教者と龍窟

役行者以降来島した宗教者たちについても真名本から少しく触れておこう。史実とあわない事柄や脚色された部分も多く語られるが探ってみよう。

●役行者

役行者（役小角《えんのおづぬ》）は、文武天皇の三年（六九九）一言主の讒言《ざんげん》で伊豆に配流の翌年、金窟上に紫雲がかかっているのを見て、その地を訪ね祈念したところ生身の天女現れ、国土安鎮のため利剣を金窟に奉安したという。役行者の伊豆配流は『続日本紀』の記事に見える。

●泰澄大師

泰澄大師は養老七年（七二三）来島し大乗経を念じて天女を拝したという。泰澄は加賀白山を開いたと伝えられる修験僧。泰澄は龍口山に参じて龍口明神から、国に背くものあらば首を切って我が前に置け、と告げられた。この辺《あた》りが後世において処刑場となった遠因を語っているような記述である。なんとなれば、日蓮聖人が断首を免れ佐渡へ流罪となったという「龍ノ口法難」の伝承地が、江島の対岸にある龍口寺の「日蓮首の座の敷皮石」だとして現在でも伝えられている一例に象徴されよう。

●道智法師

泰澄大師についで来島したのが道智法師。この法師の話は面白い。相模国餘綾《よろき》郡出身の僧という道智は島で法華経読誦《どくじゅ》を続けて暮らしていた。これを聴聞に来て毎日飯米を供える天女がいた。道智はこれを怪しみ、棲家を知りたいがため天女の着物に藤皮の縷《いと》に針を付けて後を追ったところ、天女は龍穴に入り、傷ついて正体を龍と現じた。天女（龍）は怒って暴風をおこし、忽ちに道智の身は龍口山頂に流れ置かれ、以後法師の参仕なく藤が生じないという話を記している。この伝説は後述する『海道記《かいどうき》』に同様な話と

役小角坐像（作者不詳）
藤沢市藤澤浮世絵館所蔵

して見えるが、ただ洞窟に棲む龍、すなわち天女とが同体であることを明確にした部分でもある。

●弘法大師

弘法大師は改めて記すまでもないが、修学修行のうえ入唐、のちに帰朝した日本仏教史上の著名な僧。縁起では弘仁《こうにん》五年（八一四）東国巡礼の折りに金窟（龍穴）に参籠七日にして生身の天女に見《まみ》え、自刻した五指量（五本の指幅）の弁財天像などをここに納め社檀《しやだん》（本宮）を造ったという。大師が巡錫《じゅんしゃく》した伝説は各地に残るが江島来島の真否は分からない。だが、大師と弁財天の霊験譚の部分は他の僧侶などとの関わり方よりも多く筆を費やしている。弘法大師信仰と弁財天信仰の結びつきを強調する試みとも受け取れる部分だが、他より先駆けて社檀が成立し、弁財天信仰の中心がここにあることを弘法大師を通して明確化を試みたように思える部分である。

【コラム】護摩の灰で作った弁財天

江島神社には、弘法大師が護摩修法した灰で作ったという石膏造（縦二五・五センチ、横一六・〇センチ）の奇妙な品が遺されている。「護摩灰弁財天」といい、表面は弁財天・十五童子像など、裏面は弘法大師手形が据えられ、銘文は「天長七年（八三〇）七月七日　於江嶌辯財天法　秘密護摩

一万座奉修行　以其灰此形像作者也　空海」とある。かつて是沢恭三氏は、全国に散在する五〇余の護摩灰弁財天があると報告した（「文化財に現れた江島弁才天」）。それらは二種類に分かれ、一つは立像、もう一つは裏に手形のある弁財天像である。後者も二種に分かれ細部に多少の相違がみられると指摘している。天長七年の製作とは思われないが、こうした「護摩灰弁財天」は弘法大師信仰を通して江島弁財天信仰の拡散を示すものであろう。是沢氏の報告後新たに発見されたものもあり現存数は増加するであろう。

◇真名本に見える上之宮の縁起と円仁・安然

●円仁と上之宮の縁起

真名本の縁起に引き続いて書かれるのが慈覚大師（円仁《えんにん》）の来島の話である。円仁は比叡山で修学、入唐し天台密教を修め帰朝したことなどの事績を記した後、仁寿《にんじゅ》三年（八五三）東国巡礼で来島、三七日（二十一日）参籠して生身の天女を拝し、自刻五寸の弁財天像や仏舎利（五鈷の鬼目に納めた）などを龍窟（金窟）へ安置したという。同時に国司に命じて東の山頂に社檀を開き、初めて天女が降った西山の金窟をこの時に東山へと移しこれを江島明神と号したという。円仁は下野国生まれであり、東国に天台の教学を広く伝え所縁のある寺院も多く遺るのも事実だが、江島弁財天が祀られる本宮の他にもう一つ社殿（上之宮）を造ったというのである。円仁による上之宮の創建譚がここで語られている。

●二人の安然

円仁についで安然和尚の来島を記す。安然の生地は近江国（滋賀県）とも相模国星谷の出身の僧とも伝えるが、縁起では相模の出身とする。慈覚大師の旧儀を訪ね生身の天女を拝したいと練行《れんぎょう》を重ね、ついに宿願の生身の弁財天に見え満足して島を出たという。このあとに、前項で触れた「安然和尚記」を引用して、近江竹生島に棲む生身の弁財天によって叡山が繁昌して国家鎮護の道場になっているのと同様、相模江島にも生身の弁財天が坐すのでこの国の繁昌となっていると述べ、さらに「安然秘所記」を引用して金窟ばかりでなく周辺にある窟名や祀られる諸神仏、由来などさまざまな謂れを併せ説いている。

なお、ここに登場する安然は、円仁に師事して天台密教を大成させ比叡山に五大院を建てた高僧と一般的に解される。しかし、相模国星谷を出生地とする安然と五大院安然とが混同されて縁起に表出されたとする説が、以前より示されていたとの指摘（鳥谷武史「中世における宇賀弁才天信仰の研究―叡山と『江島縁起』」、『歴史をひもとく藤沢の資料　3片瀬地区』）もあり、「江島縁起」の成立の複雑な事情を含んでいるように思える。

以上が真名本の記す縁起だが、この真名本には「下之宮」の縁起は全く触れられていない。真名本に述べられているのは江島の根元である天女垂迹の霊地（本宮・金窟）の創始と上之宮の創建に関わる霊験譚までである。

◇仮名本と下之宮の縁起

下之宮の縁起を語るＣ本「江嶌縁起」（岩本楼所蔵）を紹介しておこう。

この縁起は詞と絵で構成され全五巻からなるもので、いわば「江島縁起絵詞」というべき仕立てである。『風土記稿』に岩本院什宝《じゅうほう》としてある「縁起五巻本」を指すものと考えられるので、旧岩本院から引き継ぎ現岩本楼に伝世した経緯のわかる縁起絵巻である。内容は真名本を仮名交じりの詞に換えているもののほぼ同じである。詞に絵を添えてあるので、見せることを意識して製作されたものだろう。ただ、真名本には無い、鎌倉時代の慈悲上人良真の話が安然の来島譚に続いて最終巻の第五巻に述べられる。

蝦蟆石と無熱池

●良真の来島と下之宮の創建

良真は来島し千日の修行ののち、建仁二年（一二〇二）、現れた天女に見え、むかし山頂に天女が棲家とした社殿の荒廃を告げられて旧蹟に社殿を建てた。こののち良真は大唐（中国の美称）に至って慶仁《けいにん》禅師に参じた。禅師

仮名本「江島縁起」（下之宮創建部分）　江島神社所蔵

は、江島が観音垂迹（宇賀弁財天）の霊地でありながら、社檀の北側にある池の近くに荒石があると告げた。この石は「蝦蟇《がま》石」といい障碍《しょうがい》を生じるので、石に向かって社殿を建てるべきとする禅師の進言にまかせ、良真が将軍に請うて社殿を建て、建永元年（一二〇六）に遷宮《せんぐう》した。これは将軍を守護するための社殿建立と遷宮であったという話である。

縁起ではこの時の将軍名を記してないが源実朝である。また渡宋し慶仁禅師に見えた良真は、鶴岡八幡の供僧で実朝の帰依した僧であるとの説（『江島大草子』・宝暦九年版）があり、下之宮が実朝の懇志《こんし》によって創建されたと縁起は述べるのである。

真名本に無い将軍（実朝）や良真伝を追加しているのであるから、真名本成立後に増補された絵巻であることに疑いはなく、さらにいえば下之宮の創建を意識して作成された、いわば「下之宮弁財天縁起」といってもよい。このことは龍窟を中心としていた信仰が龍窟ばかりでなく、新たにできた社へも移っていった経過を示すものであろう。

第Ⅱ部　中世の「江島」世界

本宮図　『新編相模国風土記　鎌倉郡風土記』（谷野遠）より

第一章　中世都市鎌倉と霊所の江島

第一節　『吾妻鏡』と江島

◇江島に弁財天勧請

縁起は伝説のような話が多いが、確かな史料に江島や弁財天が初めて登場するのは『吾妻鏡』の寿永元年（一一八二）四月五日条の記事である。

四月五日乙巳　武衛（源頼朝）、腰越の辺《ほとり》、江島に出でせしめたまう。足利冠者（義兼）・北条殿（時政）・新田冠者（義重）……等御共に候《こう》ず、これ高雄の文覚《もんがく》上人、武衛の御願を祈らんがために、大弁才天をこの島に勧請したてまつり、供養の法を始め行うの間、ことさらにもって監臨《かんりん》せしめたまう。密議なり。この事鎮守府将軍藤原秀衡を調伏せんがためなりと云々。今日鳥居を立てられ、その後還らしめたまう。

この日源頼朝は腰越辺の江島に出かけた。これは頼朝が高雄の文覚上人を招き、江島に「大弁才天」を勧請して、鎮守府将軍藤原秀衡調伏のための祈祷に臨んだというのである。この記事は弁財天が他所から初めて江島に勧請されたと解され、江島弁財天の出発点を語る重要な根拠となってしばしば諸書に引用される。しかしこの記事自体を疑問視する説もある。というのは、奥州藤原氏追討はこの記事から八年後のことであり、文覚上人を鎌倉へ呼び寄せる特段の理由も見当たらないので、『吾妻鏡』にあとから取り込まれた可能性があるとの興味深い指摘

【表1】『吾妻鏡』に見える江島の記事

年　号	月　日	記　事
寿永元年（1182）	4月5日（乙巳）	武衛（源頼朝）、藤原秀衡調伏のため江島へ文覚をして弁財天を勧請。
	4月26日（丙寅）	江島に参籠の文覚、昨日退出、21日間。
建仁元年（1201）	6月1日（己卯）	左金吾（源頼家）江島明神参詣。
承元2年（1208）	6月16日（甲申）	鶴岡供僧等に祈雨を命じ、江島龍穴に供僧ら群参。
建保4年（1216）	正月15日（己巳）	江島明神託宣、大海変じ道となる。参詣人群参。
	3月16日（己巳）	御台所（源実朝室）江島参詣。
元仁元年（1224）	6月6日（壬申）	霊所七瀬に祈雨の祓い、江島龍穴にて祈雨。この祓い関東で初めて。
安貞2年（1228）	4月22日（乙丑）	将軍家（藤原頼経）江島明神参詣。
寛喜元年（1229）	11月17日（辛巳）	江島明神託宣、崇敬の者に福田を授けるの由、道俗群参。
天福元年（1233）	8月18日（庚寅）	武州（北条泰時）奉幣のため江島明神参詣。前浜に死人あり神拝をせず帰参。
嘉禎元年（1235）	12月27日（乙卯）	将軍頼経の不例祈祷霊所七瀬で祭祀、江島でも祭祀。
仁治元年（1240）	6月18日（辛亥）	泰貞(陰陽師)江島で千度御祓を命ぜらる。
仁治2年（1241）	6月9日（乙丑）	鶴岡別当江島にて祈雨法、千度祓を修す。

である（伊藤一美「信者の歩いた「道」」）。

この説は後考を俟つとしても以降『吾妻鏡』には江島に関した記事が散見される。【表1】周知のように『吾妻鏡』は鎌倉幕府の公式日記であるので、記事はこの時期の動向や社会を窺う重要な史料であり、江島がどのように認識されていたかを知る手掛かりになる。

◇江島弁財天と佐々木氏

江島弁財天についての信仰の展開を考えるに際しひとつ興味ある話がある。近江国の佐々木氏と江島弁財天の関わりについてであるが、是沢恭三氏がすでに考察されているのでそれに依って紹介しておきたい。

平安末期の佐々木氏について、『吾妻鏡』は治承四年（一一八〇）八月九日条に次のような話を載せる。

近江国の住人に佐々木源三秀義という者、平治の乱で源義朝の味方をしたため、先祖相伝の地である佐々木庄を取り上げられ、奥州の藤原氏を頼って赴いた。その途次《とじ》、相模国の渋谷庄司重国に勇敢を認められて留置かれ、ここに二〇年を過ごした、と記されている。

いっぽう『近江國輿地志略』の坂田郡池下村「弁財天社」項に『吾妻鏡』の記事に繋がる話が紹介されている。即ち、相模国にいた秀義は、その間に源氏再興を江島に祈念し、祈願成就を果たしたのち、江島弁財天を故地の近江国に勧請した。それが、池下村の弁財天社（現在の米原市池下・都久夫須麻神社）であるというのである。
秀義は元暦元年（一一八四）に戦死した。平治の乱（一一六〇）ののち相模国に留まっていた二〇年の間、つまり、先述した文覚上人の勧請（寿永元年・一一八二）以前に江島弁財天信仰が相模国とその付近一帯に広まっていた可能性を是沢氏は見ている（『江島弁財天信仰史』）。江島縁起の成立や普及について考える手掛かりになる指摘である。

【コラム】江島は日本屈指の弁財天

同類のものをいくつかまとめ一定の数をつけて括る「名数」法が古くからある。江島弁財天も「日本六処弁才天」「日本三処弁才天」などといわれ弁財天を代表する格式《かくしき》にあった。六処弁才天は、天川（奈良県）、厳島（広島県）、竹生島（滋賀県）、箕面《みのお》（大阪府）、背振山《せふりさん》（佐賀・福岡県）と江島。この六処は応長から貞和年頃（一三一一～四九）天台僧光宗が天台宗秘事を集成した『溪嵐拾葉集《けいらんしゅうようしゅう》』に見える。三処弁才天は厳島、竹生島と江島。これは室町時代中頃の相国寺の禅僧万里集九《ばんりしゅうく》が東国旅行時に記した漢詩の紀行文『梅花無尽蔵《ばいかむじんぞう》』の記載。また、五弁財天として、金花山（金華山）、美寵島（厳島）、千蔵生島（竹生島）、降士御嶽（富士山・富士に代えて天川とも）と得瑞島（江島）であるという説もある（「先代旧事本紀《せんだいくじほんぎ》」）。

◇江島明神の託宣と弁財天

江島は弁財天を祀る島であるが、先に示した【表1】のように『吾妻鏡』には「江島明神」が多く記載され「弁才天」はやや影の薄い感がある。だが、江島に伝世したとされる「八臂弁才（財）天坐像」（江島神社所蔵）は十三世紀第2四半期頃の作例とされるので（塩澤寛樹「江島神社像の作風と制作年代」）、弁財天が祀られていなかった訳でもないようである。神仏習合や本地垂迹説などが進みつつある時代に江島は神祇（神々）を意識するイメージの方が強かったのであろうか。また、弁財天はしばしば在来の神祇と習合しているので、この段階で託宣《たくせん》を恃《たの》み得る「明神」の方が相応しかったのだろうか。

『吾妻鏡』に江島明神の託宣に関した記事が二回出てくる。

・建保四年（一二一六）正月十五日己巳　晴　相模国江島明神の託宣あり、大海たちまち道路に変じ、すなわち参詣の人、船の煩いなく、鎌倉より始まり国中の緇素《しそ》（僧と俗人）・上下群れをなす、誠にもって末代希有の神変なり、三浦左衛門尉義村お使いとしてその霊地へ向かう…。

・寛喜元年（一二二九）十一月十七日辛巳　雨降　江島明神の託宣あり、崇敬の族《やから》においては福田《ふくでん》を授くるべきの由、云々、道俗群れをなす云々。

江島明神の託宣で奇瑞《きずい》が示された記事である。この両日の干支をみると「巳」日にあたっている。このことはすでに江島明神が「巳」と深いかかわりにあると信じられていたと思われるし、江島縁起に記された天女と龍（巳）の一体性を認めていた人々の信仰・心情の一面が窺えるように思う。建保四年三月十六日の実朝室の参詣も巳日にあたっていた。また、江島明神は、福田を授けるという福財神としての性格を醸《かも》しだし、江島に関心をよせる中世人の信仰の側面も見えるのである。

こうした『吾妻鏡』の記事の中で注目すべきは、藤原秀衡調伏のために源頼朝が文覚をして「大弁才天」を勧請したという記述の寿永元年四月五日である。この日は乙巳の日であった。記事があとで『吾妻鏡』に挿入されたかどうかは措くとしても「巳」を意識してこの日を勧請の日としたに違いなかろう。ただ「江島明神」ではなく「大弁才天」であったことがこの時期の『吾妻鏡』の江島に関する書き方に比べ、やや不自然さを感じるのは否めない。

◇都市鎌倉の縁辺と霊所

もうひとつ江島明神の信仰で重要な点は「霊所」として中世人から捉えられていたことだ。江島龍穴で祈雨の修法がたびたび執り行われた。『吾妻鏡』承元《じょうげん》二年（一二〇八）六月十六日の記事では、

…去月より今に至るまで、一滴の雨降らず、庶民耕作の術を失う、よって祈雨の事を鶴

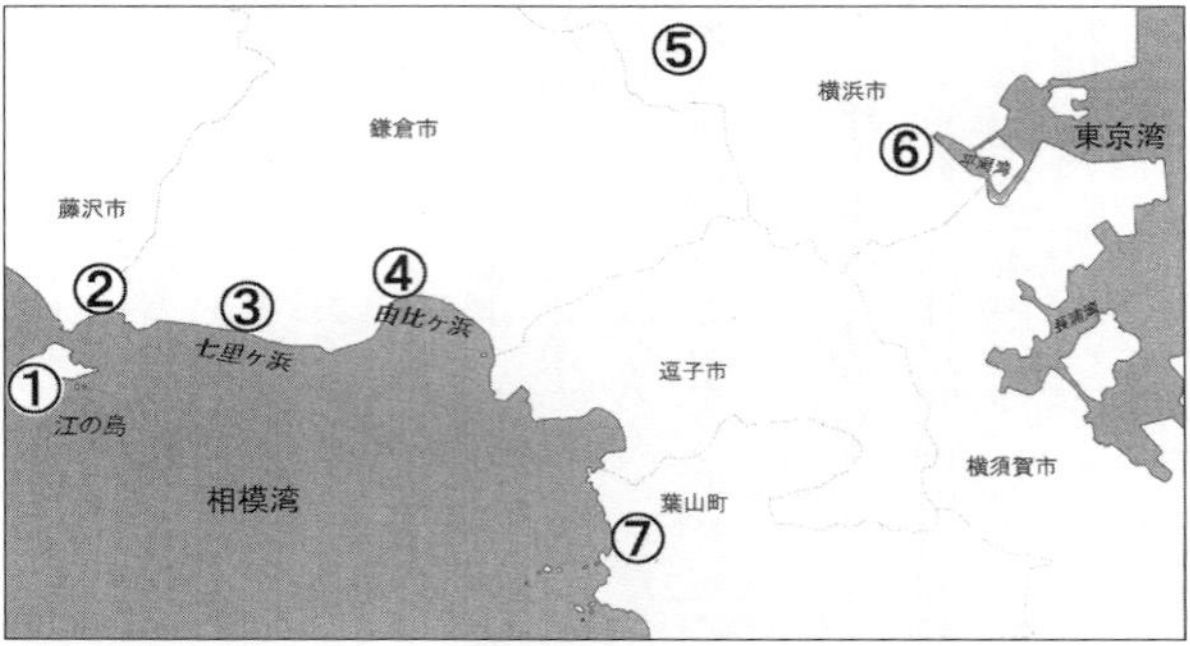

鎌倉霊所七瀬①江島龍穴　②固瀬河（片瀬川）　③金洗沢池（七里ヶ浜）
④由比浜　⑤独河（いたち川）　⑥六連（六浦）　⑦杜戸（森戸）

岳（岡）供僧に仰せらるるの処、江島に群参し龍穴で祈請、…

鶴岡の供僧をして龍穴で祈雨の修法を執り行ったところ、人々は江島の龍穴に群参したというのである。この他にも龍穴で雨降に関係した祈祷がたびたび修せられているので、江島の龍穴は雨降を期待する際の重要な霊所となっていたわけである。

元仁元年（一二二四）六月六日に「霊所七瀬」で祈雨のお祓いをしたとの記事が『吾妻鏡』に見える。この祈雨のお祓いが関東において最初の祭祀であったとの記事を付すが、以降たびたび七瀬で同様な祈雨の祭祀が行われた。

霊所七瀬とは、由比浜、金洗沢池（七里ヶ浜）、固瀬河（片瀬川）、六連（六浦）、独河（いたち川）、杜戸（森戸）、江島龍穴の七か所である。これらはいずれも水辺の地であるが、鎌倉の中心部からやや離れた場所に位置し、鎌倉の出入り口にも重なる場所であった。ここにおいて陰陽家に命じて祈雨の祭祀を執り行わせていたのである。

鎌倉幕府四代目の将軍藤原頼経は摂家《せっけ》から迎えられた将軍であった。宮廷文化に接していたからであろうか、鎌倉にさまざまな宮廷行事を取り込んだ将軍でもあった。

「七瀬の祓《はらえ》」はもともと宮中の行事であった。平安時代の中期以降に宮中で毎月または臨時に行われる祓いである。天皇の災厄を人形《ひとがた》に移し、七人の勅使が七か所の水辺（大七瀬・加茂七瀬など）にこれを流した。貴族たちもこれに倣《なら》い、鎌倉幕府でも鎌倉中に七瀬を選定したのである。こうした祭祀の実行者は陰陽家たちであった。頼経の命により陰陽家の祭祀が鎌倉幕府内で重用されるようになった。

江島龍穴は都市鎌倉での霊所七瀬のひとつになった。江島は西方面との境で、鎌倉の出入り口に当たる要衝地にあった。鎌倉の内側と外界との接点となる江島は、鎌倉を護る精神的な防衛地点となり、格好の霊所と意識されたのであろう。この霊所にこそ霊力ある江島明神・弁財天が坐すに相応しかったのである。

第二節　中世文芸作品の江島

◇『海道記』に記された江島

都に住む隠者が、貞応二年（一二二三）以後まもなく成立したといわれる紀行文。京都に住む隠者が、貞応二年初夏に東海道を鎌倉まで下り、しばらく同地に滞在し帰京するまでを記した。

本書に江島の見聞を記した部分がある。

片瀬川を渡ると海中に一峰の孤山がありそこに霊社があった。江尻の大明神（江島明神）という霊験あらたかな社だという。しかし、この霊社へ法師は参拝しないと聞いたのでその理由を尋ねた。その答えに、むかし辺の山の寺に法華経を読誦して暮らす禅僧がいた。夜ごとに女の姿をした人がその聴聞に来ていたが、夜明けには忽然と失せ行方を知らない。僧は不思議に思い糸をこっそりその女の裾に付けておいた。翌朝に糸を辿れば海上に引かれ、ついに山に入って巖穴の龍尾に付いている糸を見つけた。すると忽ちに龍はその姿を現し、僧に恥じてその後は僧を巖穴に入れないのだ、という訳を聞いた。

『海道記』の作者は宜禰《きね》（神官）の言う慣わしに従って伏し拝みここを通過したと記している。

先に見た「江島縁起」（真名本）に、道智法師による糸の探索で天女（龍）が龍穴に入り正体を龍と現じ、道智の身は龍口山頂に流れ置かれ、そののち江島に法師の参住なく藤が生じないという故事と『海道記』の作者の聞いた話は何か通底した内容であるように思われる。『海道記』の作者が来鎌した頃には「江島縁起」(真名本)とほぼ同様な話が、広まっていたと看てとれよう。

◇『とはずがたり』に記された江島

後深草院二条は、後深草天皇に養われ長じてその女房となって寵愛され、のちに宮仕えを辞し東国、四国、中国地方を旅し、旧懐を日記『とはずがたり』に著した。日記の成立は徳治元年(一三〇六)頃の成立と見られている。

二条は鎌倉へ入る手前の江島に一泊しそのありさまを筆に留めているが、当時の江島のありさまを描いていて興味深い。

江島という所に着いた。そこの様子はなんとも面白くかえって言葉もないほどだ。満々とした海上に離れて浮かぶ島にはたくさんの岩屋があってそのひとつに泊まった。泊まった岩屋は「千手の岩屋」といったが、修練・苦行を長年重ねた「山伏一人」が修行を行っていた。霧の籬《まがき》(霧を垣根に見立てた美句)、竹の編戸も粗末であるがかえって艶なる住まいに見えた。山伏は世話をしてくれてこの所に相応しい貝などをご馳走してくれた……。

江島の岩屋のひとつには千手観音を祀っていたのであろうか、固有の名称が付されるまでになっていた。数ある岩屋は山伏などが居して盛んに修行する場になっていた様子が窺われる。

◇「一遍上人絵伝」の江島

国宝「一遍上人絵伝」(聖絵)は時宗《じしゅう》の開祖一遍上人の生涯を描いたもので絵巻作品の傑作であるとされる。弟子の聖戒が編述し正安元年(一二九九)に成ったが、上人が各地を遊行した事績を詞と絵に留めているので、当時の社会や風俗のあり様が窺われる貴重な資料になっている。

この聖絵から離れ出た「江之島断簡」の絵がある。片瀬浜で踊念仏の場面に続いていたのがこの断簡であろうと推定されているが、教化している一遍のもとに向かおうとする境川河口の人々と遠景に江島が描かれる。赤い鳥居、社殿、塔などが見えるのでかなり整った江島の景と看て取れる。一遍が江島へ渡ったかどうかはこの絵巻からは分からないが、一遍が称名《しょうみょう》を修したという「蓮華池」の旧蹟が島内に伝わり、岩本院にその額字もあって(『風土記稿』)江島と時宗の関係を僅かに示す伝承だが興味深い。

【コラム】北条家の家紋三鱗

江島縁起には見えないが下之宮の縁起にとって興味深い伝説が『太平記』に出ている。同書には、北条時政《ときまさ》（鎌倉幕府初代執権　一一三八～一二一五）が江島に参籠して子孫繁昌を祈ったところ、二十一日目の夜、美麗な女房が現れ、時政に告げた。汝の前世は箱根の法師で法華経を書写・奉納した善根《ぜんこん》によって再びこの世に生をうけることができた身である。だから子孫は長く栄華を誇ろう。しかし、挙動を違《たが》えば七代でその栄華も終わる、と訓《おし》えた。この女房の後姿を見れば、たちまち長《たけ》二〇丈（約六〇メートル）ばかりの大蛇となって海中に入っていった。その跡に大きな鱗が三つ残った。時政は諸願成就を喜び三鱗《みつうろこ》を形にして旗の紋にしたという、北条氏と江島弁財天信仰を繋ぐ伝説である。南北朝期の軍記物語『太平記』に取り入れられたこの伝説は江島の天女信仰の浸透、広がりを示していよう。

題名不詳（弁才天と北條時政）　三代豊国　藤沢市藤澤浮世絵館所蔵

謡曲「鱗形」は、時政が旗の紋を定めるため江島弁財天へ参籠し、弁財天から三つ鱗の旗を授かったという筋立てで、明らかに『太平記』の話をもとにしている。また、明治維新に際し下之坊住職が還俗《げんぞく》して「北条」を姓としたのもこうした遠因にもとづいているのかも知れない。ちなみに、現在の江島神社の社紋も「三つ鱗」。

第三節　鎌倉の禅宗と鶴岡八幡神・江島弁財天

◇鎌倉の禅宗寺院と神祇

鎌倉幕府の成立をみた鎌倉は新興都市として発展をしていくが、とくに北条氏など鎌倉武士は外来文化を積極的に摂取した。蘭渓道隆《らんけいどうりゆう》や無学祖元《むがくそげん》など渡来僧のもたらした禅を鎌倉に根付かせたのも北条氏らの庇護あってのことであった。こうした外来文化ともいうべき禅宗が鎌倉へ入って行くときにどのような作法があったのか。すでにあった鎌倉や江島の神祇とどのような関係を結んでいったのであろうか。いくつかの伝承から見てみよう。

①蘭渓道隆と八幡神

蘭渓道隆（大覚禅師）は寛元四年（一二四六）に来朝し、北条時頼《ときより》の招きで建長五年（一二五三）鎌倉建長寺の開山となった禅僧。『新編鎌倉志』（以下『鎌倉志』）には建長寺書院の庭に「蘿碧池幷影向松」（『風土記稿』は霊松）があってその由来を『元亨釈書《げんこうしやくしよ》』をひいて次のような話を載せる。

福山（建長寺）の寝室のうしろに池があってその傍らの松は枝を真っすぐに伸ばしていたが、不思議なことに一日中なびいて室に向かっているので、衆僧はこれを怪しんでいた。道隆禅師は、偉服の人が松の上に居て自分と語りあっているのだという。禅師はどこに住んでいるかを偉服の人に問うたところ、山の左の鶴岡だと答え、そのまま見えなくなった。衆僧は松がなびき伏せていたのはこのためであったかと知り、鶴岡は八幡大神の祠所だと理解したという伝である。

②蘭渓道隆と江島参籠

また『風土記稿』の大船村常楽寺項に「弁天社」を載せ次のような伝承を留めている。常楽寺は北条泰時《やすとき》が開基の持仏堂であったが、時頼が道隆を住職として迎えて禅宗とした名刹。江戸時代この寺の客殿の後ろに池があって中島に弁天社があった。弁天社には江島弁天社に奉安してあった十五童子（弁財天の眷属）のひとつ「乙護童子」を祀ってあるといい、その本体は建長寺にあって、ここの弁天社では模像を祀っているというのである。

この乙護童子の話は古くから伝わっていたようだ。それは、建長寺塔頭《たっちゅう》西来庵修造のため永正十二年（一五一五）の勧進状《かんじんじょう》に「大覚禅師関東に下向し、江島に一百日間参籠し、弁財天感ずるところ天童一人禅師に付与するなり」と記しているのを『風土記稿』が引用し、「故に江島には童子一体を缺《かける》なり」と記したことでもわかる。

道隆は事実江島を訪れていた。大休正念（仏源禅師）は文永六年（一二六九）北条時宗《ときむね》の招聘《しょうへい》により来朝し、道隆の後を継いで建長寺・円覚寺はじめ鎌倉の禅院の住職に就き臨済禅を広めた高僧だが、「蘭渓和尚同遊江島帰賦此以呈」と題した七言律詩を残している（「大休和尚偈

北条時宗肖像　京都大学附属図書館提供

頌雑賦」）ことで知られる。詩文は、杖をつきつつ巨亀の山へ到って、洞（岩窟）の聳《そび》えるさまが故郷の龍門の三段滝に似た海浪だと詠じたが、詩題の示す「遊江島」は、道隆が江島の洞（龍穴）への参詣行為を含むものと自ずと解されようから、道隆に倣った正念もまた同じく参詣を果たしたであろうことは想像に難くない。渡来の禅僧たちが江島と明らかに積極的な関係を結ぶことを志向したとみてよい。

③円覚寺の洪鐘と江島

円覚寺は、時宗により無学祖元（仏光国師）を開山にして弘安五年（一二八二）に創建された。はじめ時宗は元寇の戦没者追善のため円覚寺開創を企てたが、道隆が示寂したため祖元を南宋より招聘し開山に迎えた。祖元は逸話の多い人物であるが、『元亨釈書』に蘭渓道隆と同様に鶴岡八幡神と接触した話が来朝前の出来事として載っている。これらの霊験譚は新しく渡来の禅宗が地域の神祇と積極的に係わりを持たんとする創作的エピソードなのであろう。

　円覚寺の国宝指定の「洪鐘《おおがね》」は境内の弁天堂脇の鐘楼に懸かっている。北条貞時《さだとき》が父時宗の芳志《ほうし》を継ぎ巨鐘を鋳造したという名器である。鐘の銘文は大檀那平朝臣貞時が勧縁、大工物部国光が鋳造し、一五〇〇人他の助援を得て正安三年（一三〇一）八月初七日に完成し、同年「八月十七日巳時、大鐘昇楼」と刻してある（『鎌倉市史　考古編』）。わざわざ「巳」時に鐘を懸けているのは意味ありげである。銘の撰文は時の円覚寺住職で宋国より渡来の西澗子曇《せいかんし(す)どん》があたった。

円覚寺洪鐘　著者撮影

　この洪鐘の鋳造にあたって『風土記稿』は次のような略縁起を引いて紹介している。

　貞時は、関八州の鳧《う》氏（鐘鋳造者）に命じて鐘を鋳らせたが両度とも失敗した。貞時は当時の円覚寺住持第六世の西澗和尚にこの事を問うた処、大器を成すに人力のみでは及ばず、深く仏神の加護を祈らなければ完成しないとの諭しに従い、江島に参籠して七日目の夜に霊夢を見た。霊夢に従い龍池に赴いた貞時は波底に大きな金銅で龍頭のような一塊を得、衆人に募縁を勧めて正安三年に完成させたのがこの洪鐘であった。龍天に授けられた霊銅を以て鋳造された洪鐘であるから、江島より弘法大師の彫刻した石像の蛇形弁財天（長さ一尺三寸）を勧請し、当寺に安置して洪鐘の真体となし「洪鐘大弁功徳天」として崇め祀ったという。『風土記稿』ではこの石像弁財天像は「正続院舎利殿」内に移されてあり、みだりに拝謄《はいとう》を許さなかったとある。

円覚寺では、江島とこのような関係からか、六十一年目ごとの「洪鐘祭」にあわせ江島の人々も参加しての祭礼を行っていた。「洪鐘祭」は、管見の範囲だが、安永九年（一七八〇）、天保十一年（一八四〇）、明治三十四年（一九〇一）、昭和四十年（一九六五）とほぼ等間隔で行われた。天保十一年と明治三十四年には江島から唐人囃子が参じ、山之内の人々も加わっての附《つ》け祭りが賑やかに行われていたこともわかっている。また、文化三年（一八〇六）に江島岩本院の亮康法印が仏舎利会供養料として一〇〇〇疋、宇賀弁財天（洪鐘の弁財天）供養料として一〇〇〇疋などを寄進しているので（「鹿山公私諸般留帳」円覚寺所蔵）、江島と円覚寺は密接な関係を継続していたのであった。

【コラム】江島は「亀」

江島は長寿を象徴する「亀」という瑞祥なるイメージがある。古代中国で東の海上にある仙人の住むという蓬莱山は、霊亀の背中の上に存在するとも言われ、江島がこうした仙人思想の影響を受け見立てられたように思われる。仮名本「江嶌縁起」の巻頭には「崑崙山の奇をうつし……蓬莱海の勢をつたへたり、三壺のかたち新たなり」と江島の形姿を譬え飾った一文も暗示的だ。江戸時代には江島を「金亀山與願寺」と称した瑞祥な山号寺号も故なしとはしない。前述した臨済僧大休正念は蘭渓道隆を慕って江島に遊んだ時の七言律詩に「巨鼇〈亀〉」と表した。奥津宮拝殿の天井には享和三年（一八〇三）酒井抱一が描いた「八方睨みの亀図」（模写）が据えられてある。同宮近くにある「亀石」は、鎌倉四名石のひとつ「蔵六石」と称されたようだが、『武江年表』文化三年（一八〇六）四月の記事に、「弁秀堂何某弁才天を信じ金光明最勝王経を書写し、清浄の地へ納めんとして上へ置くべき石を求めしに、はからずして亀の形したる石を得たり（竪三尺横二尺）。江島へ奉納す」とあるものだとされる。また「島の形は亀に似て」（河東節《かとうぶし》）、「福寿円満増長し、蓬莱洞の入り江の波も」（常磐津）と歌われるように亀や蓬莱洞が瑞祥イメージとして継承されていった。浮世絵に描かれる「江島」はこうして見ると亀の形に見えるような気がする。

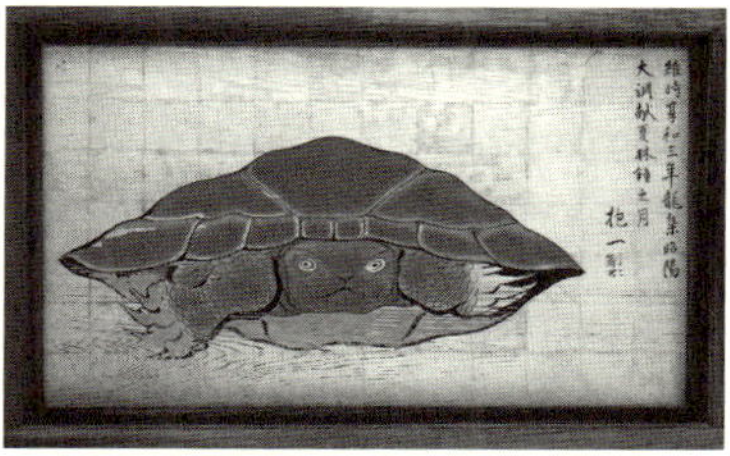

八方睨みの亀（模写）　江島神社所蔵

◇臨済の禅僧と神祇の交歓

鶴岡八幡神や江島の龍天（龍神）と渡来禅僧との交歓は『元亨釈書』に記された話である。本書は鎌倉時代に漢文体で記した日本初の仏教通史といわれ、仏教伝来から鎌倉後期までの僧侶の伝記、仏教の流れを概述してある。著者は臨済宗の僧虎関師錬《こかんしれん》。元亨二年（一三二二）に朝廷に上程されたので書名「元亨」はこれによる。

臨済宗の僧侶が編述したものであるから、特に鎌倉に入ってきた新しい臨済禅の正当性を擁護する視点は当然であろうが、道隆や祖元が来朝前に日本の神祇と接点があったと説いたり、円覚寺洪鐘の鋳造にあたっての神祇との関わりは、いったいいかなる理由があってのことであろうか。言い換えれば、どちらの側からこうした神祇との交歓譚を作り上げたのであろうかという素朴な疑問が湧く。

日本側僧侶の欲求であるのか、あるいは渡来僧側からの欲求から生じたのか。

恐らく両者の融合を象徴するような動機があってのことであろうと思われるが、そうとばかりだけでなく、異国の宗教が新しく鎌倉入りを果たすときの具体的な儀礼を前提にして出来あがった交歓譚ではなかろうかとも思う。

道隆が江島龍穴に一〇〇日参籠したという話は、実際に一〇〇日間の参籠は別として、江島に参詣した事実を示すものではないか。道隆の跡を継いだ大休正念も江島に赴いたことがあったがこれも実際には参詣行為であったように思われる。また、祖元が実際に鶴岡に詣でたとしても何ら不思議はない。鎌倉入りに際しての在地神祇への表敬、儀礼行為を前提として説話が出来上がったように思うが、いかがであろうか。また、貞時の洪鐘の成就に江島弁財天の援助があったとするのも、在地の神祇と禅宗が互に交歓してこそ外来文化の定着を促していったといえるのではなかろうか。

第二章　戦乱の世と江島弁財天

第一節　鎌倉公方・古河公方と江島弁財天

◇鎌倉公方と江島

鎌倉幕府が滅亡すると政治の中心は京都へと移り、鎌倉には足利尊氏《たかうじ》の子の基氏《もとうじ》が鎌倉府の長官である鎌倉公方《くぼう》に就いて関東を統治する体制に変わった。鎌倉公方は基氏の子孫が代々継承したが、やがて上杉氏代々が関東管領《かんれい》となって公方を補佐する体制で関東の政治が行われた。

鎌倉公方家は基氏に続いて、氏満《うじみつ》、満兼《みつかね》、持氏《もちうじ》、成氏《しげうじ》と世襲されていったが、康正元年（一四五五）成氏が古河《こが》（茨城県）に敗走し、鎌倉を離れて古河公方と呼ばれるまで鎌倉にいた。成氏の鎌倉から古河への撤退は、それまであった室町幕府との対立関係が悪化し、関東管領家との内紛も加わって戦乱を引き起こした結果である。

それより以前、鎌倉公方四代目の持氏は京都の将軍家と対抗し、管領の上杉憲実《のりざね》が幕府との調停に努めたにもかかわらず、永享十一年（一四三九）ついに戦いとなった永享の乱で自刃して果てた。その後を継いだのが成氏であったが、宝徳二年（一四五〇）扇谷上杉氏の家宰であった太田資清《すけきよ》（道灌の父）らの襲撃に遭うようなこともあり、一時上杉氏と和睦したものの、享徳三年（一四五四）上杉憲実の子・憲忠を殺害する事件を起こした。この憲忠の暗殺がきっかけとなって幕府は成氏の追討を命じ、関東地方一円に戦乱が拡大して、いわゆる関東における戦国時代の開始とされる二十八年間にも及ぶ「享徳の乱」になった。成氏の古河への退去はこうした経過のうえの出来事であった。

鎌倉公方時代の江島に関した資料は僅かだが、江島が公方家の保護下にあったことは確かであり、いくつかの文書が残っている。それらを通してこの頃の江島と弁財天信仰のありさまを見ておこう。

宝徳二年、鎌倉の御所にあった成氏が襲撃を受け、急遽江島に避難したことがあった。これは船で安房・上総へ逃げるため（『鎌倉大草子』）であったというが、江島は鎌倉公方にとって関係の深い地であったからに他ならない。

享徳四年に成氏が間宮肥前守に宛てた感状が残っている。

今度、最前より、鎌倉において警護を致すの条、神妙なり、いよいよ懃厚を励むべきの状、件の如し

享徳四年三月十二日　　花押（足利成氏）

間宮肥前守　とのへ

間宮肥前守は岩本坊住持《じゅうじ》の系譜に繋がるとされ江島とは関係の深い人物だが、成氏の配下で軍事的な活動をしていた様子を伝える。またこの文書より後になるが永正十年（一五一三）足利政氏《まさうじ》から僧智宗に宛てた三崎要害の戦いで疵を受けたことに対する感状もある。政氏は古河公方成氏の長子。宛先の智宗は間宮肥前守の子息で岩本坊を称して別当になった僧である。この両書状からこの頃の岩本坊の関係者が大いに戦陣に加わっていたことが分かる。戦国期の江島はこうした武力を持つ者たちと通じていたのである。

◇最後の公方義氏と江島

成氏のあとの古河公方は政氏、高基《たかもと》、晴氏《はるうじ》、義氏《よしうじ》と続く。これら古河公方家と江島の関係は

継続され、政氏はじめ高基、晴氏との関係を示すものが岩本坊時代の文書に残るところだが、義氏の印判状をひとつ紹介しておこう。

葛西様御領所において、江島岩屋の勧進、一紙半銭なりとも、心落ちに任せ、少しも納得なき者にとかくの儀申し立てず、勧進いたすべきものなり、この旨仰せ出さるるの状、件の如し

（印）　八月十五日

岩本坊

この文書の年号は無い。葛西様とは最後の古河公方義氏である。江島の岩屋の何らかの修復か遷宮か内容はよく解らないが、葛西領内での勧進を認めたものである。

天文二十三年（一五五四）に北条氏康《うじやす》が古河城を陥し、晴氏父子を秦野に幽閉した。晴氏の子の義氏は小田原の北条氏康に預けられたのち、弘治二年（一五五六）葛西谷（下総葛西城）に移されて葛西様と称された（「関八州古戦録」）。「小田原衆所領役帳」（永禄二年成）では葛西様御領が、小机長津田、小机子安、江戸平塚、江戸品川南北などで三九五貫一一〇文あるので、この領内での勧進を岩本坊は許されたことになる。古河公方家は衰退しつつも信仰的には江島に期待を寄せ、鎌倉公方家以来の伝統を維持したのである。だが、義氏が天正十一年（一五八三）

に没して古河公方家は事実上断絶した。

第二節　小田原北条氏と江島弁財天

◇北条早雲と江島

古河公方の劣勢に従って実質的に江島は小田原北条氏（以下北条氏）の支配下に変わりつつあった。

伊豆にあった伊勢宗瑞《そうずい》（北条早雲《そううん》）は武蔵に向かおうとしていた永正元年（一五〇四）に禁《きん》制《ぜい》を岩本坊宛に出した。禁制は、自身の軍勢をはじめ一般人などもふくめ乱暴狼藉の停止と違反者の処罪を命じたものである。この禁制は江島での治安維持を目的とするものだが、宗瑞は未だ相模国を平定したわけでなく、軍事途中に江島弁財天に武運を願って江島内での軍勢の乱暴を禁じたものとされる（下山治久「戦国期の江ノ島関連文書の研究」）。

宗瑞はそもそも熱心な弁財天信仰の持ち主であったようだ。韮山城に「弁才天を御立」したことが、鎌倉円応寺の奪衣婆《だつえば》坐像胎内銘に見える（『改訂新編相州古文書』）。

北条氏は早雲のあと、氏綱《うじつな》、氏康《うじやす》、氏政《うじまさ》、氏直《うじなお》と五代にわたって続くが、当主や関係者から岩本坊に宛てた文書を通して、江島弁財天への信仰や江島の様相が知られる。いくつかを見ておこう。

◇小田原城へ江島弁財天勧請

享禄四年（一五三一）氏綱が円光坊に宛てた判物《はんもつ》は「江島上之坊」が退転《たいてん》したので、その坊跡を円光坊（鶴岡の供僧か）が継ぐよう命じたものである。内容は簡単だが江島が氏綱の管理下になっていて別当の人事権を握っていたと知れる。

『風土記稿』の小田原城下大工町の蓮上（乗）院の条に「大永二年（一五二二）現住亮海、氏綱の命により、江島弁財天を城内に勧請せし」とあり、その場所は御城の北の堀の内であったと記してある。

小田原城に江島弁財天を勧請したいきさつが「北条記」（『続群書類従』）に見える。同書「浅草之沙汰」として次のような話を留めている。

大永二年九月のはじめ、古河の御所へ富永三郎左衛門尉が使者となって向い、その帰路に浅草へ参詣した。この日十八日は観音の縁日で常よりも人出が多かった。それは「弁才堂」から銭が湧き出ているというので、参詣人が競ってその銭を取りあっていたからであった。富永は帰参しこの奇異を氏綱に言上し、同座の者たちも不思議がって聞き入っていた。そこへ蓮乗院が来たのでこの話をした。法印は浅草寺観音の霊験と弁財天の「福佳《(ママ)》才智、武勇敬愛、大慈大悲」

の功徳を説き、就中、「弁才天」は観音の御分身で当北条家の守護神、御紋は大蛇の鱗なので特に崇敬すべきと演説した。その場にいた大名、小名、御一門、家中は皆信心を固くし浅草へ種々の祈願を懸けた。そして、御城北の堀の内へ「絵の嶋の弁才天を移し奉り」当城の鎮守と崇め武運長久を祈ったというのである。

氏綱の江島弁財天への信仰は自身ばかりでなくその夫人も篤かった。『風土記稿』板橋村（小田原市）香林寺の条に江島弁財天と関わりある寺伝が記されてある。それによれば、当寺は寛正五年（一四六四）の開創、開山を大樹乗慶禅師、開基を北条氏綱室（養珠院）とする。大樹の母は北条氏に繋がった鎌倉の人で、「絵島（ママ）宇賀神」に祈り霊夢あって大樹を生んだという。大樹は七歳で出家し、ある時「宇賀神」に詣で忽然と現れた白蛇の捧げた玉を拝受して、これを終身宝としたというのである。大樹の感得《かんとく》した玉は享和三年（一八〇三）に失ったというが、境内にある鎮守の「弁天社」は大樹が住職となって勧請したとの伝えを述べている。江島弁財天が北条氏に篤く迎えられた逸話であろう。

◇氏康と江島弁財天

北条氏三代目の当主氏康は二代当主北条氏綱の嫡男として生まれた。母は氏綱の正室の養珠院。氏康は関東から山内・扇谷両上杉氏を追い、武田氏・今川氏との間に甲相駿三国同盟

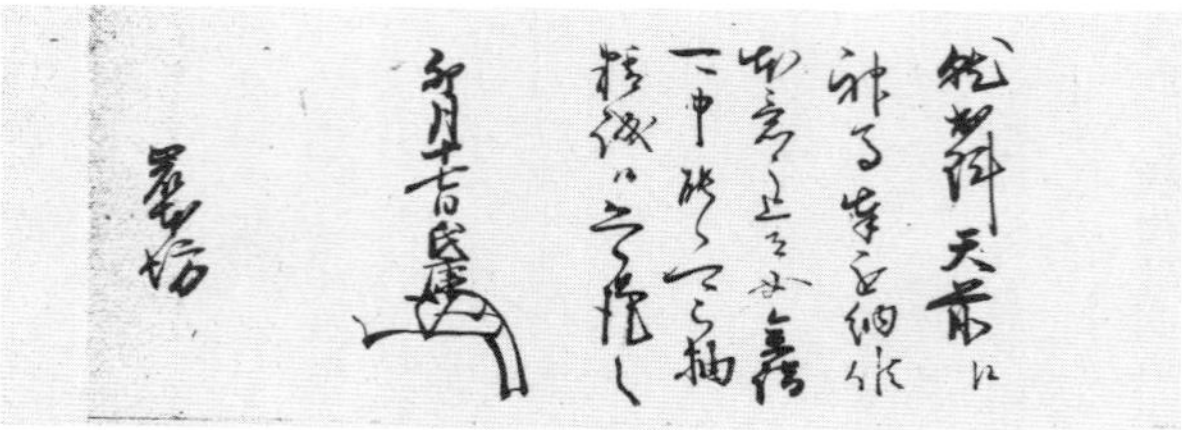

北条氏康書状　藤沢市文書館寄託岩本院文書

「大日本名将鑑　北條氏康」　芳年　藤沢市藤澤浮世絵館所蔵

を結んで関東を支配し、上杉謙信を退けさせるいっぽう、後世につながる民政制度を充実させるなど、政治的手腕も発揮し、北条氏の版図を最も広げた将であった。従ってたびたび出陣し危うい戦いの経験もしていた。神仏の加護を頼み周囲にいる強敵に必死に向かう戦国期の武将の姿が浮かんでくる。

出陣について、天前え神馬進納し奉り候、本意のうえは必ず参詣申べく候、よく〱精誠を抽んでらるべく候。恐々謹言

卯月十七日　　氏康（花押）

岩本坊

年号がなくいつ発給されたものかわからないが、神馬《しんめ》を奉納し戦勝ののちは必ず参詣するので、よくよく祈念をするように岩本坊に頼ん

でいる。戦に向かう前の武将の心情が表れているようだ。『藤沢市史　第一巻　資料編』（「中世編」）はこの判物を「河（川）越の戦い」の時かと推察している。

河越城は武蔵国の枢要な城で北条氏の支配下にあったが、城を巡っての争奪戦がたびたび展開され、天文十四年（一五四五）上杉憲政、上杉朝定、足利晴氏連合軍が河越城の奪還を開始した。城代・北条綱成《つなしげ》（氏綱の女婿）は窮地に陥り、籠城し守っていたが、翌天文十五年、氏康は河越城救援に向かい「河越夜戦」で有名な奇襲をかけて北条軍がやっと勝利を収めた戦いであった。江島弁財天への祈願がこの時であれば北条家の命運をかけた出陣の文書であった。

川越合戦図（川越合戦における小田原北条軍）　堀内家文書（藤沢市文書館画像提供）

◇北条氏の家臣たちと江島弁財天

北条氏の当主は江島を尊崇していた。遷宮に際し、あるいは武運長久のためとして神馬や太刀、香合など諸品が当主ばかりでなく一族からも奉納された。

いっぽう家臣たちからの篤い信仰もあった。例えば、永禄六年（一五六三）に板部岡《いたべおか》右衛門尉康雄が知行する役高からいくばくかを寄進した書状がある。康雄は北条氏の二十将衆のひとりで北条氏軍団の有力な武将であった。寄進状によると知行する東郡用田郷（藤沢市）において一〇〇疋を寄進すると下之坊へ宛てたものだが、自身の武運長久の祈念のためであると寄進の理由をあえて認《したた》めてある。康雄は下之宮弁財天の霊力を恃んでいたのである。

この寄進状から遡るが天文十三年（一五四四）と推定される江島の遷宮関係の史料が石塚勝氏により報告された（「戦国期の江の島遷宮関連文書」）。詳細はそれに譲るが氏の論考をもとに北条一族や家臣たちと江島弁財天の関係を以下に紹介しておこう。

文書は「江之嶋御せんくう」と冒頭にあり、以下に一つ書にして、金品・数量・人名が連記され随所に合点（照合の結果を示す記号）があるので、江島での遷宮に際し金品の進納を照合した「寄進注文」であるとされ、作成日が「壬（閏）霜月廿三日」とあり、その下に「岩本坊」とあるので岩屋遷宮の時のものと判断された。

この寄進注文は、「むねあげ之代物」と「御との入おこないのとう具」に大別して寄進品目・

寄進者名などが書かれている。「むねあげ之代物」は社殿の棟上げの費用や諸品、「御との入おこないのとう具」は遷座の祭儀費用・諸品であろう。棟上げには銭の他に太刀、鏡、帯、布、馬の書上げがあり、中には「せん之つな」（善の綱）といい仏像の手に掛けて参詣者と結縁《けちえん》させる綱の用意もあって遷宮の様相が窺われて興味深いが、とくに品目毎に複数の寄進者名が記されているので、各人が分担しあっての進納であった様子が窺える。また遷宮の金品には、丹絹、小袖、刀、蠟燭、戸帳《とちょう》、神楽銭などとあって、これも品目毎に複数の寄進者名があって分担しあった進納であった。この時の岩屋遷宮に寄進者総数は七〇名を越えていた。寄進者は当主ではなく、多くは玉縄北条氏の一族・家臣らであり、それぞれが分担して遷宮の祭事にあたっていたのである。当主を支える戦国の武士たちと江島弁財天信仰とのかかわり方が垣間見られるが、江島は北条氏の当主はじめその一族や家臣たちまでも含め、篤い支持を受けていたのである。

◇江島参詣と導者

甲斐国の武田信玄の重臣で都留郡谷村《やむら》城（山梨県・都留市）の城主小山田信有《おやまだのぶあり》という戦国期の武将がいた。先祖は武蔵国小山田庄（東京都・町田市）にいて鎌倉幕府の御家人であった系譜に繋がるが、戦国時代にも広大な所領を持ち武田氏の被官でありながら、北条氏の領内にも所領を持ち氏康に仕えるという他国衆であった。従って信玄と氏康の両方に通じるという奇妙な立場にいた。
小山田信有が江島下之坊へ出した文書がある。原文書は無いようで「相州古文書」に収まっている。しかし、それも前半部分が欠けているうえ発給の年代も不明であるのでなかなか判然とはしないが、江島参詣者に関しての状況が少し窺われる。

（欠）江之島へ参詣の導者《どうじや》の事、向後《こうご》においては、御坊へ告げさせらるべく候、その為一筆進《まい》らせ置き候、自然兎角《とかく》申す者候は、相い押さえられ、此方へ仰せらるべく候、恐々敬白

六月七日　　　　　　信有　印（花押）

江之島　下之坊へ　参

内容は、江島へ参詣の導者（先導者）には今後下之坊へ告げてから参詣するようにと申して置いたので、もしとかく云うような者があれば、押さえ置き信有の方まで申し出よ、との通達である。なぜ小山田氏がこのような文書を出したのか。恐らく小山田氏が領する甲・相の地域で下之宮の導者とその参詣者に安全を保障して通過に配慮したのであろう。江島参詣者は甲斐国から旧甲州街道を通り、小仏峠から小山田庄に入って鎌倉街道を南下するルートが想定されるので、小山田氏の所領する地帯の円滑な通行を下之坊に認めたものと思われる。とすれば、甲斐国郡内地方（都留郡）あたりにも江島弁財天を信仰する者たちがいたことになるし、この

者たちは下之宮と関係が深いことになる。後述する（一三〇頁）近世の江島弁財天信仰の支持者に八王子や町田あたりの武蔵国多摩郡の南部方面に下之宮を信奉する人々が多いのはこうした伝統があっての事かとも思われるが、いかがであろうか。

◇江島の関銭徴収

こうした導者や参詣者たちの通行する際に、「関銭《せきせん》」を徴収していたこともあった。永禄六年（一五六三）の制札《せいさつ》がそれである。

「江島関役」を設け参詣者から徴収をしたのは江島弁財天へ奉納するためであった。徴収の目的は遷宮や社殿などの修復費などに充てるためであろう。制札であるから街道や江島入口などに立て置き、関所を設け関銭を徴収したのだろうが、設置場所はどこであったのかよく分からない。鎌倉の荏柄天社の社殿造営に当たって氏康が天文十七年（一五四八）、関を寄進し関銭徴収の諸規定を定めたが（『荏柄天神社文書』）、その関は荏柄社近くに面した街道にあったという（『風土記稿』）。この事例などを勘案すれば江島の関も参詣者往来の盛んとなる江島近辺の場所が望ましかったのではなかろうかと思われるが、より広範な設置地の可能性も指摘されている（下山治久「戦国期の江ノ島関連文書の研究」）。

いずれにせよ江島関銭を参詣者から徴収するのは参詣人の増加と無関係ではない。参詣者の増える要件として、戦国期においては武田氏と北条氏の政治的安定期に参詣行動の活発化があり、永禄六年頃はその安定期にあたっていたとの鳥居和郎氏の指摘がある（「戦国時代における参詣活動について――相・甲間の政治的状況との関連から」）。

◇「公界」地の江島

永禄四年（一五六一）と推定される玉縄城主北条康成《やすしげ》（氏繁）から江島坊住《ぼうじゅう》へ宛てた書状は興味深い。

江島坊住の儀、公界《くがい》の所に候間、いつものごとくにこれ有らしめ（カ）、たとい敵指しかかり候とも、その策媒これをいたさるべきものなり、仍て件の如し

辛酉（永禄四年）

三月四日　　　　康成（花押）

江島坊住へ

江島は「公界」であるから、敵が攻め込んできたときには策をめぐらし、島の治安維持をせよと江島の坊住に命じたものと解される。

この文書は「公界」に注目した網野善彦氏によって有名になった（『無縁・公界・楽』）が、「公界」とは領主からの諸税・諸役の免除、主従関係からの解放、貸借関係の消滅など、世俗との

人間関係を拒絶することができる無縁の場、しいて言えば自由が保障された空間であったというのである。もともと寺社の境内なども犯罪者や戦乱などで逃げ込んだ者に対して俗権による逮捕権の及ばない聖なる空間と認識されていたように、江島が「公界」の地、「無縁」の地であるという認識があったのである。康成は敵方が逃げ込むことの出来る江島だからこそ策をめぐらしてでも敵の侵入を防げと坊住に命じたのであろう。

しかし領主側からいえば全く手の出し得ない場所があるとすれば、それは統治上決して好ましい状態ではない。そこに本来は誰からも干渉されないはずであった公界の地が、俗権によって変質を進められることになる。公界の地の崩壊である。ここに江島自体が公界に替って新しい価値や秩序を求めていく時代を迎えることになった。

第Ⅲ部　江戸幕府と江島弁財天の格式

上宮図　『新編相模国風土記　鎌倉郡風土記』（谷野遠）より

第一章　江戸将軍家と江島弁財天信仰

第一節　徳川家康の関東入封

◇朱印状と江島

天正十八年（一五九〇）豊臣秀吉・徳川家康等の連合軍は小田原城を攻め、関東に覇を唱えていた北条氏を滅亡させた。家康は、小田原攻略後の関東支配をめぐって既にあったという秀吉との密約により、北条氏の旧領であった関東に所領を移され江戸城に入った。江戸に入った家康は早速さまざまな政策を実施するが、領内の寺社に対して天正十九年に一斉に自身の花押や印判を据えた書状を発して寺社領地を寄進した。こうした寄進状の発給は領内の伝統のある寺社が対象であった。江島周辺の例でいえば、鎌倉の鶴岡八幡宮、建長寺、円覚寺など中世か《か》らの伝統のある大社寺はもちろん小規模の寺社も含まれたが、この時点では江島へ寄進状の下賜《し》はない。

江島が家康による寄進状下賜の対象外であった理由は判然としないが、相模大山寺や箱根三社権現などもこの天正十九年段階での寄進状下賜から漏れていた。

大山は、古くから山岳系の霊地で聖と俗の混在する状態にあったようで、すなわち修験者や妻帯山伏などが混住して武力集団が温存されていた。このため家康は、慶長十四年（一六〇九）大山に「定」を発し、俗なる者を山中から下山させ清僧と俗人の居住空間を明確に区分して、これを別当の管理下に置くことを命じた。このような山内改革を行った後の慶長十五年に至って家康は大山寺に対しはじめて寺領寄進をおこなっている。また、箱根三社権現も古くからの山岳系霊社であったが、秀吉の小田原攻めによって兵火に罹《かか》り堂宇以下を焼失したといい、文禄三年（一五九四）になってはじめて家康は社領を寄進している。さらに元和四年（一六一八）秀忠の代になって箱根権現を統括する別当職に生徳院を補任したという（『風土記稿』）のである。

両所のこのような事例から見れば、家康の天正期の寺社領寄進は、秩序ある寺社として整備されている前提で宛てがわれていた事情が垣間見られよう。

となれば、天正期頃の江島は未だ整理が進まず混乱した状態にあったのであろうか。はたまた、家康の江島への関心・注目度は後の将軍と比べやや薄かったのであろうか。天正期に江島への社領寄進状が下賜されなかった理由を示す明確な証拠は今のところ見当たらない。江島は徳川家光代の慶安二年（一六四九）になって「一山境内不入」（免税地）の朱印状を下賜され、社領寄進はさらに遅れ約四〇数年のちの将軍綱吉代になってはじめて宛てがわれたことに留意しておきたい。

◇家康の来島

ところで家康は慶長五年（一六〇〇）六月に江島を訪れている。この時の参詣は上杉景勝を討つため伏見から会津へ向かう途次であったと『関原軍記大成』『大三川志』等の諸記録に見える。これらによれば、家康は六月二十八日藤沢で止宿し、鎌倉へ立ち寄るため「絵島」へ到ったところ、ちょうど干潟であったため乗り物を降り徒歩にて岩窟へ入り弁財天像を拝した。海浜に出たところ猟師共が船を浮かべ魚類を捕って捧げ、そこから下坊（下之坊）で昼食をすませて上坊（上之坊）、中坊（中之坊／のちの岩本院）に入った。そして各坊や猟師たちに白銀青銅を賜ったという。また、帰路は潮が満ちていたので船で陸に上がり、片瀬・腰越を経て鎌倉に入り、鶴岡八幡宮や建長寺をはじめ鎌倉五山に詣でたとある。

こうした参詣をはたした直後の同年七月に石田三成らが挙兵したとの報を家康は江戸で知った。関ケ原の戦いの始まりである。家康は会津征伐や三成ら豊臣方との軍事的緊張のさなかに江島や鎌倉の神仏を参詣していたことになるが、江島側では以降の歴代将軍との関係を生じる端緒となったことになる。この後、江島側では訴訟や願書など正式な文書作成に「東照宮様御代砌、天下安全之御祈祷被仰付御札献上」とし家康との先例を書くことが通例になったのも、一般の寺社と違って特に徳川家との「由緒」ある格式を家康来島の事実で獲得したからである。家康にとって会津征伐の途中での小さな参詣行為であったかも知れないが、江島側にとっては、このような家康・徳川家との由緒を誇示できたことによって、江島弁財天の名を世に知らしめる大きな力となっていった。

第二節　秀忠とお江の信仰

◇徳川秀忠の病と祈祷の寺社

徳川将軍家と江島弁財天は次第に関係を深めてゆく。関係のありかたや様相について岩本院文書の特に女消息《おんなしようそく》（手紙）の中からいくつかを抽出し眺めてみよう。

二代将軍であった徳川秀忠は、すでに元和九年（一六二三）に嫡子の家光に将軍職を譲り、大御所の生活を送っていた。この頃であろう。年号の記載は無いが、七月二十二日付（寛永八年）の書状が藤沢代官の服部惣左衛門宛に届いた。差出人は酒井雅楽頭《うたのかみ》以下四名の者たち。これらは寛永期頃の幕閣にいた老中らである。

内容は、相国様《しょうこく》つまり隠居の身の秀忠が病気になったので、将軍家光の御意に従って、老中らが鶴岡八幡と江島弁財天に祈祷を行うよう代官に命じた書状であった。

『徳川実紀』にこれに関した記事が寛永八年（一六三一）七月二十一日の条にある。それによると、金地院崇伝《こんちいんすうでん》をして、五山をはじめ、神社では伊勢両宮・山城国八幡・上下加茂・貴船など畿内中心の「二十二社」をはじめ竹生島・紀伊熊野・安芸厳島・出雲大社・加賀白山・駿河富士、伊豆三島・伊豆箱根両社と常陸鹿島・香取・下野宇都宮など、また寺院では叡山・東大・三井・興福・清水・東寺・天王寺・葛城・吉野など大社寺や名山に祈祷を命じているが、その中に鶴岡とともに「相模国江島」が加わっている。そして、祈祷を命じた各社寺に対し、伊勢では太々神楽《だいだい》、諸社では百味《ひやくみ》や神道護摩の千度万度の執行、寺院では仁王・般若経の修法を行うよう指示があった。

代官の服部惣左衛門はさっそく江島に祈祷を命じ、どのような祈念をおこなうのか、またその費用を報じるよう促す書状を送っているが、これに対し江島側では大百味十二両、大神楽十二両、戸帳三流、鏡三面、錦御幣《にしきごへい》一巻、色小袖一重、御神馬一疋、御太刀一腰など、必要品料を書上げて報じている。この時の祈祷は、「百味」といって弁財天へ百味の供え物をし、神馬を奉納するかなり大規模なものであった。

寛永八年の秀忠の不例による祈祷は将軍の命により著名な社寺・名山で実施された。江島がこれらに比肩しうる地位を将軍家周辺で獲得していたことをよく物語っている。秀忠は翌九年正月に世を去った。

◇お江の夢見

徳川秀忠の継室となった「お江《ごう》」（お江与・小督《おごう》、崇源院《すうげんいん》）は、近江の戦国大名である浅井長政を父に、織田信秀の娘・市（織田信長の妹）を母として生まれた。長姉の淀殿（茶々）は豊臣秀吉側室、次姉の常高院《じょうこういん》（初）は京極高次正室で、お江も数奇な運命をたどった浅井三姉妹の一人にして小説や映画などで有名な女性だ。数度の離婚ののち徳川二代将軍秀忠の継室となり、千姫（豊臣秀頼正室）、竹千代（徳川家光）、国松（徳川忠長）、和子（東福門院）らの母親となった。寛永三年（一六二六）九月、ちょうど秀忠・家光が後水尾天皇二条城行幸のため上京中、西の丸で薨去《こうきょ》した。

お江は江島弁財天に信仰を寄せていた。その消息がいくつか残っている。例えば、年号は無いが江戸西の丸の民部卿局《みんぶきょうのつぼね》から届いた十一月一日付消息を紹介しておこう。

返す〱　いはく《（驚愕）》おほしめす御まゝの御事と御きねん御申上げ候べく候、めでたく
かしく
一ふで申まいらせ候、大御台様御ゆめを御らんじなされ候、いはくおほしめす御まゝに、

そくさい《息災》さまの御事にて、御はんじよう《繁昌》の御事、よく〳〵御きねん候へと仰せられ候、
すなはち御はつ《初穂》を弐百足の代に壱分弐つ、まいらせ候
十一月一日　　ゑとにしの丸さまより　　民部卿
ゑのしまの　へつとうへ　まいる　申給へ

この消息を差し出した民部卿局は、生年など詳細はよく分からないが、浅井家に所縁ある出自かといわれ（『江の生涯』）、大奥にて秀忠の継室となったお江に仕えた筆頭女中であった。後水尾天皇に入内《じゆだい》した和子とも関係が深く、女御の着物の支払いなどをすることもあり、お江の近くでなにくれとなく働いた。

女性特有の書き方でわかりづらい内容の手紙だが、大要は秀忠夫人お江（大御台《おおみだい》）の夢見が悪かったのであろう、「いはく」（驚愕《きようがく》）なされたので、江島別当へ初穂《はつほ》料を添え祈祷を依頼している。注目すべきは、大御台が日常生活の中で、夢見の些細な思い煩いを払拭《ふつしよく》せんための祈祷をわざわざ弁財天に依頼しているあり様だ。また別の消息では、江島縁起を取り寄せ西の丸で見ている。このようなことから見ると大御台が江島弁財天へ並々ならぬ期待をよせていたことが知れる。なお、この消息の発給年は、寛永二年八月に鷹司前関白信房の御女（孝子）が家光の正室となり「御台所《みだいどころ》」と称し、お江は「大御台所」となったので、これ以降のことになる。が、江は翌年九月に薨じてしまうので寛永三年の十一月一日付の消息と看られよう。

◇お江と弁財天信仰

お江と江島弁財天信仰の接点は何時できたのだろうか、そのきっかけはなんであったのであろうか。勿論よくわからない。が、お江の出身地近江国竹生島弁財天と浅井氏の信仰が原点にあるのかも知れない。

竹生島宝厳寺《ほうごんじ》文書には「崇源院」（お江）は浅井郡の生まれで、竹生島の氏子であるなどの伝承があるといい、事実浅井氏と竹生島弁財天は古くから信仰的に結ばれていた（『竹生島宝厳寺の歴史と寺宝』）ので、お江も「弁財天」への信仰を継承した可能性もあながち否定できないからだ。とすれば、その延長線上で江戸に近い相模江島の弁財天に信仰を寄せたのも不思議ではないように思う。

養源院　山門　著者撮影

京都東山の三十三間堂近くに養源院という寺がある。同寺は豊臣秀吉の側室・淀殿が父・浅井長政（養源院）らのために秀吉に願って創建した浅井氏の菩提寺であった。大坂落城後は、将軍秀忠継室のお江によって、この養源院の開基である淀殿と子息秀頼の菩提が弔われた寺である。元和五年（一六一九）火災により焼失したものの元和七年お江の願により直ちに再興され、以降は徳川氏の菩提所ともなった由緒がある。実は、この養源院に浅井氏が信仰を寄せた竹生島伝来という弁財天像が奉安されている。また、浅井氏三姉妹の淀殿や初も竹生島弁財天の信仰を継承したという伝承があって、お江も弁財天に寄せる信仰の底流がすでにあったように思われるのである。

第三節　将軍家と大奥の女性たち

◇民部卿局の消息と秀忠・お江の子息たち

二代将軍徳川秀忠と継室お江の間に、千姫、竹千代、国松、和子などの子女がいた。このうち二男竹千代はのちに三代将軍を継ぐ家光である。その弟に国松、のちの駿河大納言忠長がいた。両人は家康の孫にあたる。ともに幼少期からライバルであったようで、後に起こる将軍継嗣問題へと繋がっていく。

国松はお江のもとで育てられた。お江には民部卿局が常に近侍《きんじ》していた。いっぽう兄の竹千代は乳母の春日局に養育された。竹千代は病弱であったといい、それに対し国松の方は、兄に比べて才気煥発《かんぱつ》、明朗闊達《めいろうかったつ》であったというので、父母は国松を寵愛し、次代の将軍職を巡って擁立派間で争ったという話が伝わっている。結局、春日局による家康への直訴により後継将軍は竹千代で決着したといい、元和九年（一六二三）に家光が将軍に就いた。

　元服後の国松は諱《いみな》を忠長、また甲府藩主や駿府藩主となり中納言、大納言を称したが、不《ふ》行跡《ぎょうせき》を理由に、ついに寛永十年（一六三三）十二月幕命により自刃し二十八才にて果てた。

返〳〵めでたくよく〳〵御きねん御申あげ候べく候、めでたくかしく
将ぐん様、するが（駿河）中納言様御きねんに二月御ごくう（御供）御かぐらあげまいらせられ候へと、仰せられ候まゝ、ただいま小ばん弐両と壱ぶ二つ、御かきつけのごとくまいらせられ候まゝ、此廿五日に御ごくう御かぐらあげまいらせられ候て、よく〳〵御きねん御申上候へと、御意にて候、かしく
二月廿三日　　にしのまる　民部卿
ゑの嶋べつとう
神ぬし　まいる　申給へ

西の丸の民部卿局が「御意」に従って、将軍と駿河中納言のための祈念を江島別当に依頼している消息である。祈念の内容は具体的でないが両人の息災であろうか。しかし、この祈念を「御意」として命じたのは誰であろうか。

「駿河中納言」に注目してみると、すなわち中納言を称した人物は将軍継嗣に敗れた忠長その人である。忠長が駿河中納言を称したのは寛永元年（一六二四）八月であり、以降寛永三年

八月に権大納言に転じるので、消息はこの間ということになるが、さらに「二月廿三日」付で出されているので、寛永二年か同三年の二月二十三日のいずれかである。

とすれば「将ぐん様」は家光になる。家光と忠長の祈念を御意として民部卿に命じ得るのは、秀忠やお江であろう。将軍継嗣問題が解決したとはいえ、家光と忠長の健やかなることを江島弁財天に祈念をする親の眼差しが見えるようだ。また、こうした将軍をはじめ御台所や子女の安泰を願う信仰的な支えを担っていたのは、民部卿局のような大奥の女性たちであり、その懸命な姿が消息から浮かび上がってくる。

◇按察使局と大納言家綱

そのような将軍家周辺に仕えたなかで、按察使局《あぜちのつぼね》も江島弁財天と関係深い女性だ。生年不詳だが、秀忠の継室お江に仕え、お江の死後は家光に仕え、寛永十九年（一六四二）功により上総国埴生《はぶ》郡五〇〇石を賜り、家光の死後は四代将軍の家綱にも仕え、寛文九年（一六六九）に没している（『徳川実紀』『江戸城大奥の女たち』）。秀忠・家光・家綱と三代の将軍にわたり大奥で近侍した上臈《じようろう》（御殿女中の最高位）であった。

按察使局に関した消息などが岩本院文書にいくつか残っているが、按察使局が江島弁財天への祈祷などを依願する役割にあったことがよく知れる。とくに、家光の嫡子四代将軍となる家綱は巳年生まれであったからともいわれるが、江島弁財天へ息災祈祷が按察使局を介して度々行われた。

大納言（家綱）の日光社参は慶安二年（一六四九）四月であった。同月二十三日に大納言の無事帰府が『徳川実紀』に見えるが、その直前二十一日付で按察使局が岩本院に宛てた消息がある。「…七日いわや《（岩屋）》へ御こもりニて御きねんめされ候御しるし《（験）》ニ、一しほ〱御きげんよくならせられ候よしニて」と、還御を目前にして大納言の恙《つつが》ない道中は岩本院の祈祷のお陰であるとして謝辞を述べている。幕府の重要な行事に際しての祈祷に江島と将軍家とを繋ぐ大奥按察使局の姿が覗く。なお、局自身や養子のため弁財天へ御供を上げている消息もあるので、局自身も江島弁財天に深く信仰を寄せていた。

◇按察使局の来島

按察使局が大納言の代参で来島したのは慶安四年（一六五一）二月、春まだ浅い頃であった。折しも天候が悪くしかも夜になっていた。風雨のため船は引き上げられていて道を塞ぎ局様の乗り物が通行できない。お供の者たちは戸惑っていたが、島の者たちは一人として出てこない。局はいたく立腹、この者たちを牢舎に押し込めよというありさま。何とか取成して事済んだが、今後は風雨悪しくとも船で行く手の道を塞がないこと、悪しき道があれば作り直しする条件で

和　暦	西　暦	将　軍	内　容
宝永6年	1709	5 代綱吉	常憲院（綱吉）他界、納経拝礼被仰渡。
宝永8年	1711	6 代家宣	八重姫（綱吉養女）より水引寄附。
正徳 2 年	1712	（7 代家継）	将軍代替し、先例通りの札献上を被仰付。 公方初穂白銀 5 枚、天英院（家宣室）白銀 3 枚。
正徳 6 年	1716	7 代家継	一位（天英院）へ札献上無用。養仙院（八重姫）へは年始に札献上。
正徳 6 年	1716	7 代家継	代替の祈祷、本宮において修行、札献上。
延享 2 年	1745	9 代家重	代替祈祷札御奥年寄女中衆をもって献上、翌年白銀 5 枚被下。
寛延 2 年	1749	9 代家重	己巳年開帳に戸帳寄附。
寛延 2 年	1749	9 代家重	松平於義丸より御紋付紫縮緬幕 2張寄附。
		9 代家重	惇信院（家重）厄年につき御内証より祈祷被仰付、戸帳寄附。
宝暦 11 年	1761	10 代家治	巳年本宮開帳に戸帳紫縮緬幕2張寄附。 巳年生まれにつき臨時祈祷被仰付。
安永8年	1779	10 代家治	亥年本宮開帳に戸帳并紫縮緬幕 2張寄附。
寛政 9 年	1797	11 代家斉	巳年本宮開帳に戸帳并紫縮緬幕 2張寄附。
文化 6 年	1809	11 代家斉	己巳年開帳に戸帳并幕2張寄附。

出典：『江の島岩本院の近世古文書』、＜実紀＞は『徳川実紀』より
『藤沢市史研究 38』「江戸将軍家の江の島弁財天信仰」付表をもとに作成。

【表2】徳川将軍家と江島

和　暦	西　暦	将　軍	内　容
		初代家康	祈祷相勤、正・五・九札守護献上。
		2代秀忠	民部卿局、度々消息あり。按察使局、度々代参。
寛永2-3年	1625-26	3代家光	将軍、駿河中納言祈念。
寛永8年	1631	3代家光	大御所（秀忠）不例祈祷。＜実紀＞
寛永年中		3代家光	按察使局代参し戸帳3流、その他寄附有、施米100俵被下。
慶安2年	1649	3代家光	岩本院へ境内山林竹木諸役免除の朱印状下付。
慶安2年	1649	3代家光	厳有院（家綱）日光社山につき大猷院（家光）祈祷を命ず。＜実紀＞
		4代家綱	岩本院、正・五・九・歳暮の札、将軍御台所へ献上す。
慶安・万治		4代家綱	厳有院の祈祷として度々按察使局参詣す。 特に巳年にて巳待す。
万治		4代家綱	厳有院不例の節祈祷、判金5枚・白銀10枚神納す。
万治3年	1660	4代家綱	江戸大火の節厳有院立願、白銀10枚神納。
延宝3年	1675	4代家綱	本宮岩屋・旅所造替、白銀100枚女中・御年寄取次し神納す。
		4代家綱	厳有院までは、正・五・九・歳暮に100疋、月並初穂1分判、12月その他神事初穂白銀5枚・10枚或いは20枚不時に被下。
元禄6年	1693	5代綱吉	下之宮へ社領寄附（10石8斗6升余、猟師町）。
宝永3年	1706	5代綱吉	岩本院へ片瀬村に新規社領寄附（15石、片瀬村）。 以後年暮祈祷修行し札守護献上。 上之宮へ10石寄附（片瀬村）。

赦免された。この時の島民の出した同月二十日付の詫状が残っている。ところで按察使局の代参の目的はなにか。定例の祭事の参詣であろうか。あるいは三代将軍家光がこの頃体調が勝《すぐ》れずいたことと関係するのだろうか。家光はこのあと俄かに重篤となり同年四月二十日に世を去るので、その直前の祈願であった可能性もある。

◇将軍家の初穂・寄附

江島弁財天と将軍家の関係は次第に深められ継承していった。

岩本院では将軍家周辺におこった病気、旅行、出産などに際し臨時の祈祷や開帳時にも祭事が命じられる一方、正月・五月・九月・歳暮とともに月並《つきなみ》で祭事を修し、将軍家へその札を献上し、将軍家から初穂が進じられるという慣例を築いた。このいっぽうで造営料などの寄附も歴代将軍から相次いでいる。

延宝三年（一六七五）に本宮岩屋社殿と旅所の作り替えに四代将軍家綱はじめ御三家などから造営料寄進があった。五代綱吉代に葵紋付の戸帳、水引、白木の三宝など開帳にあわせての上之宮への寄附、岩本院にも紋付戸帳、同紫縮緬《ちりめん》御幕の寄進があった。十代家治は岩屋本宮修復料の寄進をした。家治は元文二年（一七三七）巳年生まれであった。十一代家斉の本宮再建寄附、十二代家慶《いえよし》の時には本宮旅所焼失再建費の寄附を岩本院が歎願《たんがん》しているので、恐らく先例に従っての寄進があったのだろう。

こうした事例が示すように将軍家と江島弁財天の関わりを確認できるが、これらは特に大奥の女性たちと岩本院とのやり取りを認めた消息に残っている。つまり、将軍家と江島弁財天信仰が大奥の女性たちの介在によって維持され、継承されたことをよく物語っている。【表2】

第二章　江島弁財天別当と島内秩序の確立

第一節　格式をめぐる争論

◇弁財天祭祀者は誰か

江島には江戸時代三か所に弁財天が祀られていた。本宮(岩屋)、上之宮、下之宮の三社である。各社に来歴の異なる弁財天像が奉安され、それぞれ祭祀主体者が決まっていた。すなわち本宮は岩本坊（後に岩本院)、上之宮は上之坊、下之宮は下之坊であった。これを三坊（坊中）といった。一般に神仏の祭祀・管理を主導する者を「別当」と呼んだが、江戸時代中頃から江島で正式に「別当」を称するのは岩本坊（院）しかなかった。

『風土記稿』によると、岩本院は本宮を預かり、一山の総（ママ）別当で江島寺と号し、新義（ママ）真言宗京都仁和寺末、古くは中ノ坊や岩本坊を号し、後年に岩本院を号したと云い、古昔より肉食妻帯であったと述べる。また上之坊は上之宮を司り、新義真言宗岩本院末の清僧の地で、中古に退転し今は岩本院兼帯、下之坊は、新義真言宗岩本院末で当坊も肉食妻帯である、と記している。これらの記述によれば、江戸時代後期に三坊は、いずれも京都御室《おむろ》の仁和寺に属し、別当岩本院を頂点とし、その配下に上之坊と下之坊が位置づく体制ができあがっていた様子が窺える。三坊が御室仁和寺につながる宗儀《しゅうぎ》となっていたので、弁財天の祭祀は真言系の修法で行われていた。

しかし、岩本院を頂点とするこのような体制が出来上がるまでには、三坊間の熾烈な争いがあった。すでに圭室文雄氏が島内でくり返された「本末争論」に関わる一連の研究（「岩本院の支配と弁才天信仰」『藤沢市史　第五巻』など）で島内秩序の形成経過を示しておられるので、これらを基に以下に主な争論と経過を見ておきたい。

◇岩本坊と上之坊との争論

もともと上之坊は岩本坊抱えの坊であった。北条氏照が天正七年（一五七九）に岩本坊へ宛てた下知状に、上之坊を「先御証文に任せて相違なく相抱えらるべき者なり」とある。この時、上之坊の後住僧をめぐっての争いがあったようだが、氏照は上之坊を岩本坊の抱えと断じているので、すでに天正七年以前から上之坊は岩本坊支配下にあった。

ところが、寛永十七年（一六四〇）このような前例を無視するかのように、上之坊は後住の人事を巡って岩本坊の理不尽な干渉を奉行所へ訴えた。しかし、岩本坊は上之坊後住を岩本坊の子孫が相続するそもそものしきたりがあることを楯に、上之坊の先約違反として反駁した。この結果を直ちに示す資料はないが、寛文二年（一六六二）上之坊が岩本院に差し出した手形証文には「上之坊前々より岩本院之かゝへ支配実正也」と敢えて誓約したことで知れよう。

しかしまたである。この争論が終結して間もない寛文五年に再び上之坊（訴状では上之院）は後住人事や本末関係を巡って岩本院を奉行所（寺社）に訴えた。上之坊の言い分は、江島弁財天三社はそれぞれに縁起があって建立に違いがあるので、それを祀る別当坊も各々独立した存在であるはずだ。にもかかわらず、上之坊に入った自分は、先約の通りとして後住者に関して一切の望みをしないとの証文を岩本院へ提出させられた。しかも岩本院と上之坊が本山と末寺との関係が無いにもかかわらず、こうした強要は到底納得できない。さらに、上之坊は岩本院とは違い「清僧」が住持となる伝統にある。清僧が妻帯僧の「手下」になるような本末関係にある現状は嘆かわしく岩本院の支配を離れたいと訴えた。この結果も結局上之坊が敗訴した。

奉行所は「上之坊儀、先規《せんき》より岩本院支配たるの旨、証文紛れなく間」と裁決した。上之坊の度重なる敗訴は自身の立場を改めて確認したといえる。

第二節　岩本院の寺格と仁和寺の直末化

◇寺院の格式と本末制

岩本坊は島内での地位を確立するため、本山を真言宗御室派の仁和寺に仰ぐことで、自らの格を上げようと動いた。仁和寺は京都にある御門跡《もんぜき》寺院のひとつであり、江戸時代の仏教界では権威のある確固たる地位を得ていた。

門跡寺院とは、皇族や公家などが住する特定の寺院をさして言った。平安時代の中頃に宇多天皇が出家して仁和寺に入り御所を設けたのにはじまり、室町時代には寺格を表す語ともなり、江戸幕府は宮門跡・摂家門跡・准門跡などに区分して制度化した。住持は上層階級出身者が就くのできわめて格式が高く江戸幕府も門跡寺院を丁重に処遇した。また、幕府は、寺院統制から諸国にある寺院を全て本山と末寺という関係に整理しその関係を固定する政策を進めた。すなわち門跡・本山・別格本山・別院・中本寺・末寺などの寺格と序列が出来上がり、それに応じて、独礼座《どくれいざ》、乗輿《じようよ》など江戸城登城の際の格式も定めた。こうした格式は経営に直結するため寺院間での寺格競争がしばしば起こった。

◇御室御所仁和寺の末寺

岩本坊は島内での立場を上昇させ確定していくことを志向する。そのため他坊に先駆けてさまざまな行動を開始した。そのひとつが本山をどこに仰ぐかであった。

江戸幕府は寺院統制の強化から本山と末寺の関係を徹底化するため、諸宗に「本末帳」の作成を早くから命じていた。寛永十年（一六三三）に鶴岡八幡宮（十二院の荘厳院《しょうごんいん》）で関東の古《こ》義《ぎ》真言宗の寺院が本末関係を確認して帳面が作られた（「関東古義真言宗本末帳」）。実はこの時の帳面には岩本坊はじめ江島に関してなんら記載がない。鶴岡八幡宮の供僧と関係が深い岩本坊であってみれば当然古義真言宗系に属するであろうが登録されてない。後に作成された岩本院の由緒書によると、岩本院は古くから古義・新義に関わらず「一本寺格」であったから本末の関係にはないと説明するが、本当の所はよくわからない。

だが、このの ち慶安二年（一六四九）になって岩本坊が仁和寺の直末寺《じきまつじ》となった。仁和寺は「御室御所」とも呼ばれた門跡寺院である。仁和寺宮の御気色《みけしき》（意向）によって同年三月二十一日付の令旨《りょうじ》（皇族などの発給文書）が発せられて、「相州江嶋 紅《(ママ)》嶋寺」を「被召加当門御末寺」とある。ここに岩本坊が正式に仁和寺の直末寺になった。

この令旨に対し同日付の請文が「江嶋別当深祐」から出された。請文は、今まで本寺を持っていなかったので、今後末世にいたるまで仁和寺を本寺と仰ぐとの誓約である。が、注意して見ると、仁和寺門跡の末寺を「今度達て懇望いたし奉る」としたのは深祐自身であったとわかる。加えて、岩本院はそれまで「岩本坊」の呼称であったが、「坊」から「院」へと格式を上げた称号で請文を出している。本宮を司る「岩本院」として、いちはやく仁和寺の末寺に加わることで島内での地位を先んじて得たといってよい。この後「岩本院」を公称するようになる。言うまでもなく「坊」から「院」への改称はこの後重要な働きをすることになった。岩本院は自身の強い働きかけによって上之坊、下之坊に先んじて仁和寺の直末化に成功した。

◇いちはやい朱印状の獲得

慶安二年（一六四九）八月二十四日付で三代将軍家光の「朱印状」が岩本院宛に出された。内容は、江島弁財天の境内・山林・竹木などと、それらに掛る諸役を免除（但し猟師町は除外）するので、別当の岩本院は天下安泰の祈祷を専一にすべしというのであるが、ここで注目しておきたいのは「一山境内不入」とする記載の仕方である。

徳川家康は関東入封以降、領内の主要な寺社に対し寺社領地を寄進した。以降将軍の代替り毎に追認の寄進状が発給されることになった。秀忠も家康の例に倣い、新しく寺社領の寄進や家康の代の寺社領地も追認した。家光も先代の政策を踏襲したが、先代らにおいて寄進に漏れた寺社を対象に寺社領を新たに寄進した。これを「慶安の新恩」といった。江島弁財天は慶安の新恩政策で朱印状が下賜されたことになるが、なにより岩本院には他坊に先行して朱印状を獲得した実績が重要であった。

岩本院が正式に仁和寺末となったのは先に見たように、慶安二年三月二十一日付の令旨であった。令旨が発せられた約五か月後に朱印状が下賜されたことになる。これを単なる偶然の流れと見るのではなく両者に相関関係があると見るべきだろう。つまり江島三坊は、幕府が認める寺院として本末関係が明確ではなかったが、岩本院がいちはやく仁和寺の直末寺となり本末関係を整備し得たことで朱印状の下賜へと繋がったと看てとれる。

だがこの朱印状はのちに争いの種になる。このことはあとで触れよう。

第三節　下之坊の繁昌

◇下之坊の仁和寺末寺願い

岩本院の先行活動により一歩出遅れた感のある下之坊もまた自身の地位上昇を画策する。そのひとつが岩本院と同じ御室仁和寺の直末寺になることであった。

すでに仁和寺の末寺となった岩本院は仁和寺側と密接な関係を築きあげていた。岩本院文書中に仁和寺の坊官《ぼうかん》衆（寺務担当の在俗僧）とやり取りした手紙が多く残っているが、両者の親密さとともにさまざまな情報ももたらされていた様子がわかる。

延宝三年（一六七五）の霜月であった。御室の坊官から岩本院宛に書状が届いた。下之坊が、岩本院とは全く別個の独立した坊であるとの理由で、当門の直末を願ってきている。下之坊を直末にしてよいものか、もし岩本院側で申し分があれば早々に上京して説明せよとの書簡であった。

この下之坊の動きに対し岩本院は反論する。早速、寺社奉行所に対し下之坊の寺法・社法違反を訴え出た。そもそも江島の起立は岩屋（本宮）が最初であり、上之宮、下之宮と順次創建された。このことは縁起書に見えるところである。だから江島一島の支配はそれ以来岩本院が行ってきた。仁和寺末寺となる御令旨は岩本院を宛所にして頂戴し、御朱印状もまた岩本院に下されたものであるので、江島一山の本末の規式《きしき》（きまり）は明白である。このように続いてきた古法を破り、各坊が別々であるような下之坊の申し立てはとうてい納得できないと訴えたのである。こうした岩本院の言い分は、御令旨や御朱印状が決定的な証拠となり、御室御所からも従前のごとくと仰せつけられて通った。そして、下之坊は「岩本院下に属し候上之坊・下之坊に紛れなく候」との手形を延宝四年寺社奉行所にまで差し出し、仁和寺直末化は完全に失敗した。御令旨や朱印状のいちはやい獲得が岩本院側にとってきわめて有効に働いたのである。

◇杉山検校を恃む下之坊

とはいえ下之坊は島内での地位上昇運動を決して断念したわけではなかった。五代将軍徳川綱吉の奥医師となった杉山検校《けんぎょう》は下之宮弁財天を篤く信仰した。杉山検校と江島弁財天信仰のことは別にふれるが、検校は下之宮（下之坊）を積極的に支援した。事実、元禄五年（一六九二）には下之宮地内に綱吉の厄年の祈祷の為として「護摩堂」、同六年には「三層塔」が検校によって建立された（『風土記稿』）。いっぽう岩本院は、下之坊が勝手に御影堂を建てたり、御影に艶美な紫衣を着せたりするのは検校が後ろ盾になっているからだと不満を募らせるようになっていった。

そのような状況のさなか、元禄六年に下之坊に対し将軍綱吉の朱印状が出された。すなわち、下之宮はじめ諸堂社等の堂社領として島内で一〇石八斗余の寄進と境内地内での諸役を免除する旨の朱印状であった。

先に見た岩本院宛の慶安二年（一六四九）の朱印状は「一山境内不入」とする諸役免除であった。しかしこの下之坊宛朱印状は、下之宮ほか堂社領として一〇石八斗余の石高の寄進と諸役免除を将軍綱吉が保証した内容となっていた。試みに両状を較べると明らかに違う。

石高を付した寄進の方が「一山境内不入」の朱印状より格式高い内容である。下之宮(下之坊)が本宮（岩本院）に勝《まさ》った。ここに一島山内の規式に波紋がおこったのである。なお、下之宮他領に宛てがわれた一〇石八斗余の地は江島島内の猟師町であった。先の岩本院宛の朱印状に但し書きとして、「猟師町地子《じし》（地代）・同船役は有り来りの如く公役たるべきなり」として除外された幕領地が宛てがわれた。これにより猟師町は下之宮領となったわけであるので、とりもなおさずそこに暮らす人々は下之坊の支配下に入ったことになる。原則からいえば、猟師町の人々は岩本院の命を受けなくてもよいことになった。

◇岩本院と下之坊の対峙

下之坊に朱印地の寄進で先を越された岩本院は島内秩序の安定化や朱印地の獲得に猛然と運動を進める。宝永元年（一七〇四）八月、岩本院は下之坊を寺社奉行所に訴えた。

去る延宝三年（一六七五）の下之坊の御室御所直末の一件で「岩本院下に属し候上之坊・下之坊に紛れなく候」として島内での支配関係に決着をみたにも拘わらず、再び寺法・規式に違《い》背《はい》があると下之坊を訴えた。それは、下之坊は院号御免もないのに勝手に「下之院」と号し札守りを発行していること、また猟師町の者共も先例に背き岩屋本宮への労役を差し出さないことなどの現状が寺法・規式に違背しているというのであった。こうしたことでは本宮が断滅しかねないので、今迄通り岩本院の支配をうけるよう、また猟師町の者共も本宮への社役を勤めるよう下之坊へ仰付《おおせつ》けられてください、との訴願であった。このように主張をする岩本院の根底には、御室の直末寺の令旨や御朱印状が「岩本院宛」で出され、くり返された争論の決着文書などで示された威光を拠りどころにして、島内秩序を改めて確定することがあったことはいうまでもない。

さて、岩本院の今回の訴訟に対し下之坊は反論のためさっそく返答書を提出した。返答書には、江島三社の弁財天が各社それぞれ開基の違う縁起であって、そもそも岩本院と本末の関係にある訳ではないこと。「下之院」と号したのは、寛永年間に高野山慈眼院の実慶から「輿（奥）嶋院」とすでに与えられていて、岩本院が「紅嶋寺」と称したので、混乱を避けるため敢えて「下之坊」や「下之院」と称したまでで、勝手に「下之院」を自称したのではないこと。岩本院に宛てた慶安の御朱印状に「一山境内」諸役免除とある「一山境内」はそもそも江島全体を指すものでないこと。その理由は、元禄六年（一六九三）下之坊への朱印状に島内の猟師町を寄進した事実が示すように、慶安の朱印状記載の「一山境内」を岩本院境内に限定して解釈すべきで、岩本院の主張する江島の一山（全体）を支配する根拠になりえないこと。また、猟師町の者どもが前々からあった岩屋（本宮）社役を勤めなくなったというが、猟師町はもともと幕府直轄地になっていたので、岩屋本宮に対しての社役を果たした前例がなく、これも慶安の朱印状を見ればわかること等を列挙した。これらを返答書にして岩本院に反証し、ことのついでに最近岩本院が「惣別当岩本院《そうべつとう》」を掲げているのを見かけたが誰が許したのか、これをこそ聞きたいと付け加えた。

訴訟は寺社奉行所から裁許が下って決着した。前々からの争論の証文等が採用され「岩本院に相属し候下之坊に紛れなく」と前例が踏襲され、「下之院」の呼称も従前通り「下之坊」となった。この争論を境に岩本院が「惣別当」と名乗ることが見え始める。加えて岩本院は念願であった色衣《しきえ》着用を御室御所から許可され僧位上昇にも成功した。ここでも岩本院は争論や僧位上昇を通して揺るぎない地位を明確にしたことになる。

◇朱印社領地の獲得運動

岩本院は、杉山検校と下之坊の親密な関係があるとはいえ、社領地寄進では下之坊に先を越された。岩本院にとって残された課題は本宮社領の御朱印を獲得することである。しかも社領高は下之宮領高を超えなければ島内秩序・面目を保てない。

岩本院は御門跡の院家《いんげ》（門跡補佐の僧）・坊官衆、護国寺・護持院などの有力僧、また老中や寺社奉行衆などの人脈を頼りに社領寄進の獲得に向けて活動を開始した。

願書は宝永三年（一七〇六）九月に寺社奉行所へ差し出された。願書は、岩屋弁財天（本宮）

の来歴や源頼朝の信仰にもふれつつ、岩本院が別当として一山を支配してきたと述べ、古くは御供田《ごくうでん》の附されていた時もあったが今は無いこと、大猷院《だいゆういん》様（家光）代になって「一山境内」諸役免除の御朱印を頂戴し、将軍家ならびに天下安全之御祈祷を行い、毎年その御札を大奥の女性たちの取次で献上して初穂料の白銀を拝領していること、また特に今年は将軍綱吉の御本卦（還暦厄年）の祈祷を修したことなど、将軍家との特別な由緒関係を認めた後で

（略）…末社下之宮へは元禄五《（ママ）》年新規に高拾石八斗余の御朱印下し置かれ、下之坊収納仕り候、本宮岩屋弁才天には御寄附御座なく候、末社へ御朱印下し置かれ候あいだ、迚も御事に、本社へも何とぞ御供田御寄附仰せつけせられ…

と歎願した。岩本院をさしおいて下之宮への社領寄進は岩本院にとって憤懣やり方ない思いだったのだろう。「迚《とて》も御事」は「どうしても、とうてい納得できない」という心緒が込められているように看える。

岩本院の願書提出からまもなくの同年十月に綱吉から待望の朱印状が下賜された。本宮領は島の対岸

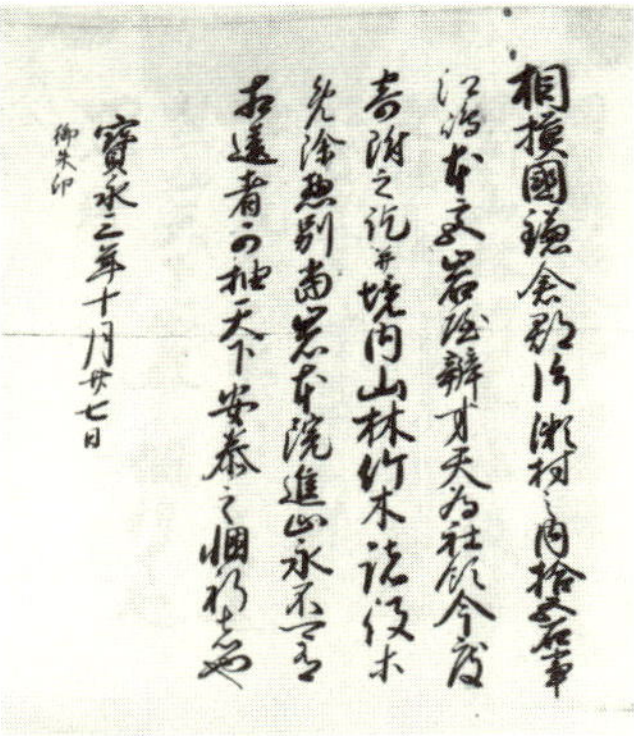
相模國鎌倉郡片瀬村之内拾石事
江嶋下之宮岩屋辨才天為社領今度
寄附之訖并境内山林竹木諸役令
免除悉別當岩本院進止永不可有
相違者也、弥天下安泰之懇祈可抽之状如件
寳永三年十月廿七日
御朱印

朱印状写（宝永３年）　藤沢市文書館寄託岩本院文書

にある片瀬村において一五石、また同時に上之宮社領一〇石も同村内において下された。

三社の寄進高をまとめると

本宮領　片瀬村内　一五石　宝永三年十月（惣別当岩本院）
下之宮領　江島猟師町　一〇石八斗六升余　元禄六年十一月（下之坊）
上之宮領　片瀬村内　一〇石　宝永三年十月（上之坊）

本宮領（岩本院）が他宮にうわまわる寄進高となり面目を保った。将軍綱吉の侍医であった杉山検校と下之坊の親密な関係を優先するよりも、諸争論の証文にある「岩本院配下の下之坊・上之坊」との前例がここでも重視され、江島島内での伝統を重んじた幕府の対応だった。

第三章　惣別当岩本院の格式

第一節　惣別当岩本院の誕生と格式

◇独礼座・乗輿の格式の獲得

岩本院が上之坊・下之坊、或は住民を配下にして島内の最高位にあることが、繰り返される争論を通して定着していった。「江島惣別当岩本院」を名乗ることが名実ともに最上位を表徴《ひようちよう》するものであり宿願であった。先に見た宝永三年（一七〇六）に賜った岩本院宛の御朱印に初めて「惣別当岩本院」が明記され、ここに岩本院は「惣別当」を公称できるようになった訳である。以降岩本院の発給文書や宛所にした文書には「惣別当」が冠されることになった。もちろん御朱印状に「惣別当」を書き込むよう強い働きかけが岩本院側からあってのことだ。

御朱印下賜ののち、岩本院は寺社奉行衆をはじめ護国寺・護持院など各所にお礼廻りに赴いた。ちょうど牧野備後守（成貞・綱吉の元側用人）宅へ参上した時に手代の者へ「独礼座願」の件を下話する機会があった。

「独礼座」とは、将軍に謁見する際の儀礼的な挨拶形式の格式である。江戸城では徳川三家や大名をはじめ家臣たちなどが毎年正月の年始挨拶を将軍に申し上げる慣例にあった。将軍に単独で新年の祝意を表せたのは、侍従以上、従四位以上の者に限られこれを「独礼」と称した。それ以下は一同の者が居並び将軍が立ったままの「立礼」（惣礼）の謁見となっていた。寺社の者たちも毎年正月に登城し拝賀が行われたが、ここでも独礼と惣礼が区別された。独礼格にあった寺社は、各宗派の本山や触頭《ふれがしら》、将軍家の祈願所、その他徳川家とゆかりの深い寺院など、また伊勢神宮や石清水《いわしみず》八幡宮、出雲大社をはじめとする有力な神社であった。

岩本院は宝永三年十一月に「独礼座」願を寺社奉行所に出し差免《さしゆる》（許可）された。すなわち岩本院の年頭の御礼は三年に一度の正月六日、上之坊・下之坊は三年に一度の正月十五日の登城とすることが決まった。「寺格帳」（『続々群書類従』）には、岩本院は大広間独礼座一同、上之坊と下之坊はともに白書院御次一同とある。なお、こののち岩本院は年頭御礼に輿に乗って江戸城への登城を許される「乗輿御免」の格式も享保三年（一七一八）に獲得した。

第二節　仁和寺門跡の江戸参向と末寺巡行

◇江戸参向と江島「御成」

こうして岩本院は島内での地位を着々と確立し安定化させていく中で、本山である仁和寺門跡の来島（御成）を計画していた。岩本院の地位や権威をさらに高めるために、仁和寺宮《みや》の来島を岩本院主導で行えれば、仁和寺門跡の威光を通じて島内でのさらなる権勢を誇り得ると考えたからである。

享保七年（一七二二）の春、二十四世仁和寺門跡の守恕法親王《しゅじょほっしんのう》が江戸に参向し、将軍徳川吉宗に拝謁して諸儀礼を済ませたあと、京へ還御の途次に江島に立ち寄ることで、岩本院の願いは実現した。

門跡守恕法親王の江戸参向については岩本院文書中にある「御室御所□□御成之雑記」（以下「御成之記」・享保七壬寅年三月十五日）に詳しいが、「御成」という表現からして岩本院がいかにその威光に期待していたかが滲み出ている。また記録はきわめて詳細であるのも後世に証拠や規範として示すためであろう。

「御成之記」は門跡という立場にある僧侶の江戸参向を知るに貴重な資料であり、末寺として受け入れ側の岩本院の動向はもとより、当時の門跡寺院のありかたを窺うことができるので、参考までに幾分か供しておきたい。もっとも「御成之記」にしばしば「任先例」という書き方が諸所に見えるので、仁和寺門跡の享保の江島来島はこれを初めとするものではない。元禄八年（一六九五）寛隆法親王《かんりゅうほっしんのう》の御成があった記録がある。

「御成之記」によって享保度の仁和寺門跡の動向と岩本院の対応ぶりを見ておこう。

◇東海道下向と岩本院の対応

門跡一行は享保七年二月二十日京都を発輿《はつよ》し東海道を下って三月二日に江戸着御の計画で、二月晦日《みそか》には戸塚宿本陣（九郎右衛門）に止宿《ししゅく》した。大名の参勤交代などと同様に各宿へ先触《さきぶれ》で門跡の江戸下向は周知されていた。門跡に供奉した者は、院家二人、坊官衆三人、御近習《ごきんじゅ》八人、医師一人、侍衆八人、この他に下役の者八〇人であった。戸塚宿に同宿した門跡の主要な側近は、院家の自性院《じしょういん》僧正孝宥・報恩院《ほうおんいん》少僧都栄遍、坊官衆の高橋大蔵卿法印・一条民部卿法印・成多喜宮内卿法印、御近習はその頭《かしら》の阿部内匠・川原崎内膳であった。

岩本院は戸塚宿の門跡へ御機嫌伺いに向かおうとするところに、下之坊から御機嫌伺いに罷《まかり》出《で》たいとの申し出を受けた。これに対し岩本院は「其方罷出候事、無用に致すべし」とにべもない。門跡への拝謁は秩序を表徴するものであるから、容易にはさせないという意識からだろう。門跡の還御に併せた江島巡行の節、岩本院へ「御成」があるので岩本院から願ってお目見えを叶うように執奏《しっそう》するとして、下之坊の申し出を断った。

晦日に戸塚本陣宿へ御機嫌伺いに参上したのは、鶴岡の等覚院・相承院・荘厳院、江戸深川永代寺とともに岩本院であった。お目見えは院家、坊官衆が着座してから、先ず鶴岡衆がすませ、これに続き永代寺・岩本院の両者が同時の順番で行われた。拝謁の順序からすれば鶴岡衆が格上であることは明白であろう。永代寺は深川八幡宮の別当で仁和寺末、岩本院とも所縁が深いうえ、江戸御室派の拠点寺院であったため同席したのであろう。このお目見えの時に院家・坊官衆を通して門跡の還御時に江島岩本院への「御成」が決定したので、岩本院は早々に御成時の門跡への膳部（食事）献上について坊官に相談している。この時、院家方・坊官中・御近習へ手樽一つ宛《づつ》を持参した。岩本院の周到な気配りである。

三月朔日《ついたち》は品川に止宿、同二日に一行は無事に旅宿の伝奏屋敷に入った。御馳走役は中川内膳正（高六万石）が当たった。ここでも岩本院は早速に家来を使者として旅宿へ遣わし、御機嫌伺いとともに還御の節に江島への御成と膳部献上に念を押し、院家衆へ見舞いとして金品を贈っている。なお、享保七年三月の『徳川実紀』の記事に門跡の江戸での滞在動向が見える。

門跡一行は十三日に江戸を発ち帰路についた。同日は品川（岩田茂兵衛）で休息、金川（神奈川・鈴木源太左衛門〈源右衛門カ〉）に宿泊。この後東海道を分かれ十四日には金沢龍《りゅう》花《げ》（華）寺（横浜市）で休息したのち、鶴岡荘厳院に宿泊した。翌十五日は鎌倉を出立し、江島岩本院で昼の膳部を饗応されたのち藤沢宿に止宿（蒔田源右衛門）し、ここで再び東海道に復して二十六日に京御室に還御の旅程であった。

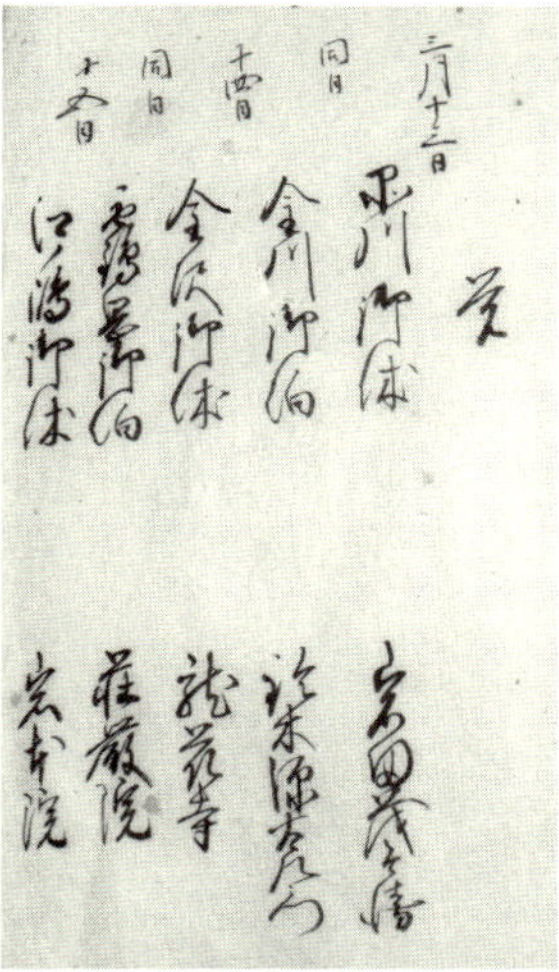
「御室御所□□御成之雑記」　藤沢市文書館寄託岩本院文書

金沢の龍花寺は武州久良岐郡金沢洲崎村にある仁和寺の末寺。当寺は同郡内の仁和寺末派二十五か寺（内廃寺一か寺）を抱える御室派の中核の寺院であった（寛政三年・「武蔵国古義真言宗本末帳」）。

このように、享保七年の門跡の江戸参向は、東海道に近接した仁和寺とゆかりの深い末派寺院を併せて巡行していたことが注視されてよいだろう。

◇儀礼巡行と鎌倉荘厳院

門跡である守恕法親王の江戸参向の目的はなんであったのだろうか。「御成之記」にはその理由が明記されていない。ただ、一般的に門跡が江戸参向するのは、門跡の継目《つぎめ》（代替り）に際しての御礼や将軍家関係の法要等の参列が目的である例が多いので、主目的はこのあたりにあろう。

守恕法親王は、宝永三年（一七〇六）に誕生、十三歳の享保三年（一七一八）六月に霊元院の猶子《ゆうし》となって親王となり、七月に仁和寺に入り得度《とくど》、同十四年四月二十四歳で薨じた。（「本《ほん》朝皇胤紹運録《ちょうこういんじょううんろく》」）。享保七年三月の江戸参向は親王の入寺後四年を経た時点であり、仁和寺門跡継目の御礼を目的としたものであったと見られる。

だが、今回はそれだけではなかった。門跡の江戸参向の直前に鶴岡八幡宮では供僧の荘厳院などの住職をめぐって不祥事件がおこっていた。

「鶴岡八幡宮寺供僧次第」等によってこれを見ると凡そ次のような出来事であった。

享保六年に義融《ぎゆう》法印が鶴岡の荘厳院他の住職を罷免される事件がおこった。そもそも義融は元禄九年（一六九六）に最勝院住職となり、ついで宝永二年に荘厳院、さらに安楽院を加え鶴岡の供僧三院を兼帯していた。ところが、最勝院在住時の元禄十六年十一月の大地震で同院の客殿が倒壊し庫裏《くり》ばかりを残すのみとなり、正徳四年（一七一四）にはこの庫裏も破却してしまった。これらが遠因かと考えられるが、享保六年七月に寺社奉行牧野因幡守（英成）の裁許により義融は三院の住職を解任され、江戸旅宿で閉門を仰せ付けられてしまったというのである。

じつはこの裁許には義融の積悪を出訴した人物がいた。義融の後継者である智興という僧である。出訴は享保五年十月であり、その裁許が翌六年の七月にあったわけである。このような不祥事を智興は御室御所（門跡）へ届け出たようで、同六年閏七月には御褒美として御室より等覚院の兼帯とともに最勝院の建立を命じられている。しかし、この智興は御室御所の命に違え、最勝院の建立をせずにいたため隠居に処せられてしまっている。智興は「御宮を偽り不届きの至り心底不宜僧也」と酷評された。

このような不祥事の後で理翁が荘厳院住職に就いた。入院は享保六年十一月、四之宮（平塚市）高林寺よりの移住であった。

門跡が滞在先の荘厳院を訪れたのは、ちょうど理翁が住職に補任されてから約四か月後の享保七年三月十四日であった。また翌十五日に理翁が法印に叙されている（『鶴岡八幡宮年表』）のは重要な儀礼としての意味合いがあったように思える。

門跡の江戸参向の目的は将軍に謁見し継目の御礼を述べることにあった。ただ鶴岡八幡宮での供僧たちの不祥事件に一応の決着を見た直後の鎌倉入りからして、門跡による今後の鶴岡八幡宮の供僧補任にあたり引き締めを図る儀礼巡行の側面もあったのではなかろうか。

徳川家康が鶴岡八幡宮を担う供僧たちを十二口（院）に定めたという。「関東古義真言宗本末帳」（寛永十年）にこの十二院は「本寺仁和寺御室御所、教相本寺高野山」と定まったことが見える。ここに鶴岡を担う供僧十二院は原則的に仁和寺と繋がりを持つことになった。特に荘厳院は地域の古義真言宗の中核の寺院であり、仁和寺の院室を兼帯する「院家」となる重要な地位にあった（『風土記稿』）。

第三節　江島「御成」

◇門跡を迎える江島

三月十五日の門跡の御成が決定してから岩本院は準備に忙しい。畳屋の来訪、瀬戸物・三方の新調、御成御座の間の床に二幅対の松竹の掛け物、棚に香合・羽ほうき・獅子香炉、違棚に硯など、御座の二重の畳は上が繧繝《うんげん》縁・下が高麗（縁）とし、また御雪隠は紙張りで囲い、もみ紙や草履まで事細かな用意をしている。また、門跡一行の下部の者たちが大勢であるから、岩本院での休息はできないので旅籠屋を頼むことになり、その宿割りや中食《ちゆうじき》（昼食）の献立の準備も進めている。下部衆への膳は一汁五菜（汁・鱠《なます》・ヒジキ煮物・割海老焼物・アワビ味噌煮・香の物など）で、酒を一人につき三合の積りで出すことにしたとある。

このような中で岩本院は下之坊を呼び出し御成にあたってのさまざまな指示を出している。町中で火の元の管理や掃除を専一にすべきこと、渡船・負越《おいこし》（人が背負って渡す）は無礼や滞りの無いよう、また船の手配を指示するとともに、還御の時までは西浜へ人を出すなと命じた。そして、御成の節は下之坊のお目見えを我等（岩本院）から願うので、献上品の支度だけはしておくようにと指示している。

ところがその折に、下之坊は門跡を浜辺にてお迎えしたいという願いを申し出た。これに対して岩本院は、まだお目見え叶うかどうか分からないのに如何なものかと積極的に応じずに、念頭にあるからとの返答に留めた。

こうした岩本院による門跡の御成に関しての指示・命令のやり方は、まさしく岩本院の格式をさらに強固なものにすべく、崩してはならない建前だからこその振舞であった。そのいっぽう、岩本院は忠節に尽している自身の家来たちに御褒美としてのお目見えを院家に願い出ている。

さて、御成の当日の十五日は晴天、少し曇りがちで時折に雷鳴もあって、申の中刻（午後四時）頃に夕立、またすぐに晴天となるような目まぐるしく変わる天候だった。

門跡の一行は鶴岡衆に由井浜(由比ヶ浜)まで送ってもらい江島へ向かった。江島では卯刻(午前六時から八時頃）には岩本院はじめ家来たちが上下（裃）に着替え門跡一行を迎える準備が整っていた。ところが、門跡の来島に滞りなきようにと下之坊配下の者に六、七人負越を出すよう重ねて申付け置いたにも拘わらず、采配すべき下之坊配下の者の出頭がなかった。まことに些細な出来事であったかも知れないが、岩本院は下之坊の麁末《そまつ》（粗末）な所存では仁和寺宮本寺の申付けに背くことになり、配下にある下之坊を支配違背の筋で寺社奉行所へ出訴すると立腹し、門跡への下之坊のお目見通りを取り止めると通告した。下之坊はなんとか侘びを入れ自筆の一札を岩本院宛てに差し出し、岩本院もこの度の御成は目出度いことなので向後は諸事慎むべきと申し渡してこの不始末を差免した。しかし、岩本院は門跡のお迎えに下之坊を向浜へ罷り出させることにしつつも下之坊を披露させせない措置をとった。

◇門跡のお目見え・饗応と下賜

昼の九ツ半（正午頃）前に坊官の一条民部卿らがやや早く岩本院に到着した。岩本院は使僧を向浜まで出向かせ、自身は指示に従い門前にて平伏して迎えた。門跡は輿のまま「雁の間」まで上がりそこから亭へ入った。早速に御口祝とお菓子が用意された。岩本院は早速お目通りして門跡へお茶を献じるのだが、お茶は封印されていてこれを改めるために近習に渡してからの所作となった。厳重な作法であるが、こうした儀礼を経ることによって門跡の威光が示される場面であった。

膳が出された。坊官衆・近習が給仕にあたった。盃台が門跡の前に用意され、岩本院は坊官の杓を介して門跡から盃を頂戴した。

膳部の内容は省略するが、本膳（一の膳）、二の膳・三の膳・支（四）の膳・五の膳まで鄭重な形式の五つの膳が用意され格別な饗応であったことが分かる。

いっぽう門跡から着ていた御衣が岩本院に下賜された。衣は玉虫色紋紗で、丈が不相応であったが門跡手ずから下されて、今後はこの色衣着用を許すと院家衆が演説し周知した。僧侶と色衣の着用は僧の身分階層に応じた区分があって昇進を意味していたが、御成にあわせたこうした儀礼で、岩本院は僧位を確かにした。岩本院の子息への下賜物もあった。

岩本院からの献上品は先例に従って免じられていたが、門跡は「めうか貝」（茗荷貝）を所望したので、種々の貝を取り合わせて桐箱に入れて献上した。上之坊・下之坊からの献上品は岩本院に任せると坊官衆からの指示であってそれぞれ献上したが、金銭の他に箱に納められた大量の貝が献じられているのが興味深い。貝は江島の名産品として珍重されていたのだろう。

昼食をすませた門跡は見物しつつ岩屋へ行ったのち、直ちに藤沢へ発輿の手筈となっていたので、岩屋参詣の前が上之坊・下之坊と岩本院の家来らのお目見えできる最後の機会であった。両坊、とくに下之坊の要請から、岩本院は門跡の還御時のお目見えを取計らい、門跡が「雁の間」から乗輿するのでその時に合わせた段取りとした。両坊と岩本院の家来たちは民部卿から名前を披露され、門跡が立ったままでのお目見えであった。両坊のお目見えは岩本院の家来らと全く同格に処遇されたのである。このような場で、しかも岩本院家来らと並列にこそ両坊に用意されたお目見えであったのである。

◇岩屋参詣

昼食後門跡は使僧の案内で輿に乗り岩屋参詣に出発した。岩屋は江島にとって最も重要な聖地である。岩本院にしてみれば門跡の岩屋参詣は重要な儀礼であるように思われるが、岩本院自身が随行したわけでもなく、今回の御成では「岩屋江為御見物御詣」という形をとった。この表現からどうも重要な参詣儀礼としての認識が感じられない。「御成之記」も門跡の岩屋参詣について記すところが少ない。

そもそも門跡一行の江島での滞在に時間的な余裕がなかった。岩屋参詣に時間を割くより岩本院での滞在を優先させた結果ではないか。すなわち「岩屋江為御見物御詣」として見物的な参詣と位置づけたのはこのためではないかと、邪推したくなる。

門跡は蓮華池から歩行で岩屋へと進んだ。これは先の門跡の例に倣っての事であった。岩屋へは「御宝納物金」として二〇〇疋が献じられた。もっとも上之宮、下之宮への社参は無く御宝納物もなかった。

岩屋から帰途の門跡を岩本院は三天坂まで赴き出迎えた。折あしく雷鳴とどろき門跡は御旅所楼門先から乗輿、申刻になって雷雨となったため岩本院で暫休してから藤沢へ向けて発輿した。門跡は浜の鳥居から乗船し向浜で岩本院を輿にまで召してここでお暇を命じた。

◇「御成」の成果

そののち岩本院は藤沢宿の旅宿へ五つ前（午後八時頃）に御機嫌伺いに参上している。院家衆はじめ関係者に謝辞とともに礼品を贈呈しているのだが、じつはこの時に、上之坊の法印位の令旨願を民部卿へ言上するための参上でもあった。岩本院の言上は院家僧正に伝達され令旨をさっそく明朝に下されることとなった。

上之坊僧の昇進はその本寺たる岩本院の料簡にかかっていた。岩本院への御成を無事に支えた配下に対してのご褒美は岩本院の進言で叶うことを示し得たのである。翌十六日に藤沢より上之坊法印位の令旨が岩本院に届き、上之坊を呼び令旨を手交した。ついで、上・下之坊を呼び、「御召衣」の拝領したことを申し聞かせたうえで、吸い物と酒を振舞った。

富士山遠望図蒔絵盃　銘幽篁斎
藤沢市藤澤浮世絵館所蔵

その後、門跡の使用した諸品の処分を行った。御膳のお下がり（食べ残し）や雪隠建具・板敷などは山へ納め、御三方・茶碗拭き・手拭・茶巾などは火に納め、盃は子息が頂戴、茶碗・煙草盆は岩本院が拝戴した。下賜の品々は今後の岩本院の誇示に重宝されたのであろう。

門跡の御成は岩本院にとって大きな意味を持った。岩本院の島内の立場をより確固たるものにしたといってよい。

第Ⅳ部　江島弁財天信仰のひろまりと「江島詣」

下宮図　『新編相模国風土記　鎌倉郡風土記』（谷野遠）より

第一章　杉山検校と吉永升庵

第一節　綱吉と杉山検校

◇下之宮弁財天と杉山検校

杉山和一は勢州の津に生まれ、不幸にして失明したのち江戸に出て鍼治《しんじ》を業としていた。和一は鍼治上達のため江島に参籠しその霊験で「管鍼法」を感得したといい、これにより四代将軍徳川家綱に見え、とくに五代将軍綱吉の宿病《しゅくびょう》（持病）をその技術で癒して信頼を受け、稟米《りんまい》の加恩《かおん》やさらには関東惣録検校《そうろくけんぎょう》職の地位に昇る出世を遂げたという。また、鍼治講習所を設け後進の指導にもあたった功労者で名声を轟かせた。

検校は、こうした殊遇《しゅぐう》（特別待遇）にあずかったのは下之宮弁財天のお陰であるとして、報恩のため下之宮に対しさまざまな支援を行った。

元禄五年（一六九二）綱吉の厄年祈祷のため下之宮地内に護摩堂を建立した。検校は、この時の建築費を自身に下されていた稟米を幕庫に返納して充てることとし、その替りに猟師町の地子など幕庫にはいるべき年貢高を下之宮領地として寄進されるよう乞い願ったという。願いは通じて稟米はもとのままとなり、先に見た元禄六年の朱印状による猟師町の寄進に繋げたのである。かつて江島の対岸からひときわ目立つて見えた「三層塔」も元禄六年に検校が建立したものであった。

◇杉山検校の江島参籠

江島弁財天と杉山検校の関係は、参籠結願《けちがん》の日に検校が下之宮の石に躓《つまず》き松葉鍼を感得しこれにより管鍼治療法を大成したと伝わる。この石を「福石」と呼び、その福石だとする石が今日の江島神社境内に大切に保存されてある。ところが、検校が最初に参籠を志したのは上之宮であったという。検校は上之坊へ行ったところ外見見苦しい姿であったため参籠を断られての帰途、下之坊がこれを見て連れ帰り下之宮で百日の参籠となったという。寛政三年（一七九一）の資料で島田筑波氏がこの話を紹介されている（『江の嶋弁天と杉山検校』）。

◇江島弁財天の江戸進出

このような検校と下之宮弁財天の関係を見つめていた将軍綱吉は検校に報賽《ほうさい》のためとして

【表3】江島と所縁ある江戸及び周辺の弁財天

弁財天の名称	所在地	像の形状など	来歴など
覚樹王院の弁財天	深川猿江・覚樹王院内	木坐像 長3尺1寸6分	吉永升庵宅に江島弁財天を勧請し、この地を覚樹王院開山玄照が譲り受けた。升庵は最勝王経大曼荼羅の供養に小鐘を寄進。(『御府内寺社備考』)
玄信寺の弁天社	深川・玄信寺内	弘法大師作 木坐像 丈3寸5分	江島弁財天と同木。(『御府内寺社備考』)
一つ目弁財天社	本所	木坐像 長3尺2寸5分	江島と同じ。元禄6年常憲院より当地を拝領、杉山検校勧請。御厨子扉に葵紋。弁財天本社は2間×2間半。(『御府内寺社備考』・『江戸名所図会』)
目黒不動の弁財天	目黒不動境内独鈷の滝		沙門某江島弁財天に祈請し再興。今に衆僧参詣せしむ。(『江戸名所図会』)
海蔵寺の弁財天	駒込	木坐像 丈1尺9寸5歩	吉永昌(升)庵作。(『御府内寺社備考』)
要嶋弁財天	羽田	弘法大師作	本宮巖窟の弁財天と同体。江戸の有馬侯藤原純政の宅に伝わる。宝永8年この地に移す。(『江戸名所図会』)

弁財天像を与えた。その尊像を祀ったのが江戸本所一つ目の弁財天であるという伝えである(『風土記稿』)。

眼に障害のある人たちは組織化して生計を営んでいた。生活の糧になったのが鍼灸、按摩、三弦などの技術を身につけることであった。こうした人々の組織(当道座)の長を「検校」と称した。当道座の本部ともいうべき屋敷は、もともと京都にあって「惣検校」が統率していたが、官位の取得などで京都に赴く不便さのため、幕府の政策と相俟って、元禄五年に「惣録検校」を関東に置いた。惣録検校に就いたのが杉山検校であり、綱吉から賜った本所一つ目の地に惣録屋敷を設けた。ここに江島弁財天を勧請したという。現在の江島杉山神社（東京都墨田区千歳）は旧惣録屋敷地の一画に創建され、神宝として綱吉公御真筆「大弁才天」の掛軸一幅が奉納されてあるのもこれらの縁由からとの伝えである。

『江戸名所図会』に「己巳の日参詣多し…毎年二月十六日、六月十九日には瞽者《こしゃ》（目の不自由な人）宝前に集会して、琵琶を弾じ平曲を奏す」とあるように、江戸市中での江島弁財天の名声と支持者を窺える。因みに、二月十六日は若くして失明し当道座を創始した人康《さねやす》親王（五四代仁明《にんみょう》天皇の皇子・雨夜《あまよ》親王とも）の命日の逮夜《たいや》、六月十九日は親王の御母公の追福《ついふく》（追善）だといい、琵琶を弾じて大きな法要の営まれている様子が『東都歳時記』に挿絵入りで紹介されている。検校は元禄七年八十五才で没し、墓は江島（下之宮）と江戸弥勒寺（東京都墨田区）にある。

なお、江島杉山神社以外にも江島と所縁のある弁財天があった。それを江戸及び周辺に求めると右のようである。【表3】

第二節　吉永升庵の弁財天信仰

◇吉永升庵と江島弁財天

杉山検校と江島弁財天信仰の霊験譚はよく知られた話であるが、同じ医業にかかわった吉永升庵《しょうあん》と江島弁財天との関わりはあまり知られていない。しかし江島弁財天を信仰した升庵の霊験は江島弁財天を広める力となった。

岩本院文書中に「吉永氏弁才天造立秘記」（宝暦三年写本・升庵直筆本は東武蔵・三田の仏乗院にあったという、以下「造立秘記」）と題する書写本がある。本書は升庵自身が弁財天信仰に深くかかわりその霊験に導かれつつ辿った生涯を綴ったものだが、江島弁財天信仰を拠りどころにその普及に努めていった足跡が見える。

升庵は医業の父親のもと肥前長崎に誕生した。父母とともに江戸に出たが、稲葉美濃守正則（小田原藩主）に仕えていた父と死別後、医業を継ぐため長崎に赴き再び江戸へ戻って稲葉美濃守に仕えた。ところが、因あって主君に長の暇を乞うたところ不興を買い、やむなく江戸を離れ諸国行脚して人々に医療を施し、こののち主君の赦しを得て帰府し医業に務めたという来歴の持ち主だ。

升庵は少年の頃から弁財天の信仰が篤かった。年少の頃、疱瘡の流行していたある日の夕暮れ、見知らぬ美女が一封を升庵の懐に入れた。帰宅したところ疱瘡を発症した升庵だったが、他の姉弟が重症であったにも拘わらず軽くして治った。父母は法印を頼み美女から貰った一封を内密で開けたところ、そこに弁財天の真言が書かれてあったことに気づき、升庵は終生この一封を肌身離さずに過ごしたという。

そうした弁財天との奇縁を契機にして、升庵は半年、二〇〇日、一〇〇日、五〇日、或は一日、二日と事あるごとに江島参籠してその信仰を深めさまざまな霊験を得たという。

ある時、升庵の夢中に天女があらわれて母の死期の近いことを告げた。ちょうどその頃升庵の忠孝な弟子松島升順という者が頓死した。升庵の母は、自身に先立って解脱を勧めた忠節の報恩にと、弁財天三体を造立した。中尊の弁財天像は升順を、左尊（右尊トモ）を亡父、右尊（左尊トモ）を母としての造立趣願であった。母は遺骨を鵜木《うのき》光明寺（東京都大田区）に葬るべしと遺言していたので、これに任せ三体の尊像を「鵜木三弁財天」と号し常念仏守護の鎮守として奉納したという。升庵は母が臨終に際して弁財天女を枕元に置き手に五色の糸で結び、升順が馬に乗って迎え、往生したと述べている。弁財天信仰が阿弥陀如来の来迎と同じような利益があるとまで説いたのである。

◇升庵の弁財天信仰は大名へ

「造立秘記」の中に江島弁財天を普及させていった霊験譚も多く語られている。特筆すべきは大名やその周辺への弘通《ぐつう》（信仰の普及）であった。

近江の井伊直興（彦根藩四代藩主・七代藩主）は命に及ぶ病気に罹り升庵が治療にあたった。もともと直興は弁財天信仰が篤く升庵と天女の法談《ほうだん》をする仲にまでなっていた。直興は金亀城（彦根城）の艮《うしとら》（東北）にある大峒《おおほら》（洞）山中に心願の一社を造立した。社殿には鵜木の弁財天三尊を勧請し、江島・鵜木・大峒をして三弁財天と号したというが、三弁財天といえども実は江島弁財天の利生《りしょう》の百億の分身のひとつであると升庵が自負しているように、江島弁財天を広めた升庵の役割は大きい。

なお、大洞弁財堂（滋賀県彦根市）は元禄九年（一六九六）直興の発願で建立され、直興の奇病を治した升順が信仰した弁財天像を勧請したものといい、彦根城の鬼門除けとして祀られたと伝えている（『新修彦根市史　第二巻』）。弁天堂内には八臂弁財天坐像が奉安されている。

また、松平陸奥守綱村（仙台藩四代藩主）の内室（稲葉正則の息女おせん姫）の話もある。おせんは長病を罹っていた。升庵はその治療にあたり、お陰で豊かな恩金を得た。升庵はそれを基に仏像一万体の造仏を発願した。こうした数多くの仏像を造って人々の救済にあたることができたのも、そもそもは内室の善行による弁財天の導きだとし、また正則とその長男正通（越後高田藩主）がともに自身を重用したのも、天女信仰のたまものであると信じ、井伊家・稲葉家・越後稲葉家を弁財天の三檀家と讃えた。なお、升庵の弟子寂了が願主となって、綱村の内室おせんの病気平癒のため弘法大師真作の弁財天像の坐像（剣尺《けんじやく》一尺五寸）を元禄十年に再興して江島に奉納した。

升庵はまた弁財天の利益を説く根本経典の「金光明最勝王経」の開版や書写をおこなった。このうち全十巻三十一品は享保の頃、清国人に頼み書写させて江戸猿江の覚樹王院（江東区・升庵の居跡）に附属した。こうした升庵の諸善行に触れて百人扶持宛を合力した大名に、稲葉丹後守、井伊掃部頭、牧野備後守、細川越中守、松平陸奥守、松平加賀守がいた。また鳥居伊賀守、松浦肥前守、松平兵部大輔、土井大炊頭、土井周防守、土井伊豫守、小笠原信濃守たちからの合力も寄せられているのである（「吉永升菴（庵）江嶋弁才天女霊験一代行状略記」国立国会図書館所蔵）。このような升庵の信仰と作善を通して江島弁財天が諸大名にも広まっていったのである。

杉山検校や吉永升庵はほぼ同じ時期にともに医療にあたったいわば「官医」であった。名声を得た「官医」による江島弁財天信仰の普及は評判たる治癒法・技術の喧伝とともにいっそう拍車がかかった。升庵は享保二十年（一七三五）八十才で亡くなった。

第二章　江島御師の活躍と旦那場

第一節　江島御師と参詣者の増加

◇江島御師の発生

岩本院を頂点とする島内の秩序・支配体制が将軍・幕府の権威や本末寺院制度などによって定着・安定化していく中で、江島弁財天三社はそれぞれ信仰を拡散させていった。ここに大きな役割を担ったのが坊中（三坊）の営為《えいい》とともに「御師《おし》」たちの活動である。

近世の著名な霊山や寺社が人々の信仰を満たし参詣者で賑わいを見せるには御師の存在を抜きにして語ることはできない。伊勢・大山・富士山などへの活発な参詣は各々の御師たちの躍然《やくぜん》たる行動に支えられていたからだ。これら霊地に帰属する御師たちは、全国各地を廻り御札を配って歩いた。その結果各地に信者が増えた。信者は初穂を寄進し御師と特定の関係を築きあげ、御師は信者の霊地への参詣を誘った。このような「師」（先達の師）と「旦（檀）那」

（信者）との関係を「師檀」関係にあるといい固定化された。御師から見れば権益（信者）を確保し得た「旦那場《だんなば》」となった。

もちろん江島弁財天も例外ではなく、このような活動をする近世的な御師たちがいた。

慶安三年（一六五〇）江島坊中と島民との間で争論がおこった。発端は、猟師町の者が参詣者を宿泊させ旅籠経営を行っているので、坊中への参詣客が減少し、このままでは坊中が退転してしまうから旅籠を止めるよう、寺社奉行へ訴願したことであった。争点は島民「御師」の役割と旅籠経営にあった。

坊中は、もともと島民十四、五人の者たちが弁財天の札を配りたいと望んできたので在々《ざいざい》での活動を許してきたが、お札を売り初穂を取って生計を営んでいながら、一向に弁財天への役《やく》儀《ぎ》を果さず、あまつさえ四、五軒が旅籠屋をしていると主張した。これに対し、島民側は、弁財天へ灯明や御供を負担するのは以前からの坊中の役目であって島民側に役儀がないこと、すでに旦那を持つ御師として勤めていること、また江島参詣者たちの宿泊先は参詣客の思い付き次第との先規であったと反論した。

この争論は評定所《ひょうじょうしょ》にのぼって御裁許《ごさいきょ》が下された。

すなわち島民の者たちが古法を破って新しく旅籠屋を始めたことは明白であり、参詣客の旅籠屋での宿泊を原則禁じるが、大名・高家などで参詣客が多かった場合に限り別当の命によって宿泊を認め、また十四、五人のお札配りをこれまで通り認めるが、一方で弁財天へ相応しい役儀を果たせと裁断した。

この争論の背景には、急増する参詣者の増加とその利益配分をめぐる問題があったことは言うまでもないが、これを機に弁財天祭祀者の坊中と島民御師との間に、従前あった緩やかな関係を見直し、あるべき新しい関係に改める必要があった。この結果、十四、五人の島民は、御師を公認されて御師活動を展開していくことで旦那を増やし、弁財天祭礼に役儀を負担しつつも、来島者に満足感を与える受け入れ体制の整備に寄与していくのである。島民御師はこの後増加していく。約五十年余を経た宝永期には旦那場を有する御師が三〇名を越えるようにまでなっていった。

◇参詣者の増加と島内外への影響

江戸時代の中頃になると江島参詣者が次第に増えてきた。例えば、先に見た三坊と島民による争論で、慶安三年（一六五〇）以降は島民による旅籠経営が原則制限されていた。にもかかわらず、「面々旦那場は格別、その外当島参詣衆、町中において昼夜とも宿仕まじく」との先約を犯し、島民が参詣者を宿泊させたことに対する詫手形《わびてがた》を延宝六年（一六七八）三坊宛に出していることからも参詣客の増加が窺われる。

また、天和三年（一六八三）に坊中と島民の間で参詣者の渡船権を巡っての争論も起った。発端は猟師町の島民が参詣者に対する渡船営業を坊中に妨害され生活困窮を訴えたことによる。坊中側は、そもそも参詣者は坊中の支配であって、その送迎も坊中方が行ってきたと反論した。参詣者の渡船賃は、岩本院と下之坊が各番で船を出し、たとえば岩本院の船に乗った参詣客に対して、岩本院で休息してから参詣を勧めるような取りなしに対する船頭への「馳走」（礼銭）が建前であるので、渡船営業を認めている訳で無いと主張した。この争論もまた坊中の言い分に従い先規の通りにすべきと寺社奉行所の裁許が示されたが、島民側の出訴は増加する参詣客を相手に生業のたつ目途があってのことであろう。

こうした争論の決着した後の元禄二年（一六八九）になって、今度は江島の対岸にある片瀬村から賃渡船の願が寺社奉行所へ出された。坊中は、片瀬村で船賃を大分ねだりとったりする者が出て参詣者が迷惑し、坊中の船に乗るものも無くなり、その結果坊中へ立ち寄る参詣者も無くなるので、先規通りに参詣者渡船を坊中の支配と仰付けられるよう片瀬村の渡船願に反訴した。ちょうど元禄二年は江島で弁財天の惣開帳が予定されていた年であった。

このような坊中や島民また対岸住民を巻き込んだ争論はまさしく江島参詣者の増加がもたらしたもので、地域社会と人々の生活環境を変えていった。

第二節　旦那の獲得と参詣者

◇岩本院と江戸旦那場

坊中の安定的な経営は多くの信者確保にある。島民御師や旅籠経営の活発な活動が信者の支持を得て参詣者の増加に結び付いたが、いっぽう坊中でも信者すなわち固定的な旦那（檀家）確保に懸命であった。

宝永四年（一七〇七）四月、片瀬村の御領分（岩屋本宮領）百姓三〇名が連判し「負越銭」を規定外に取らないとの一札を岩本院宛に差し出した。岩本院は渡船ではなく負越による営業を片瀬村領分の者たちにのみ認めたことになる。

同じ四月に島民の負越の者たち六九名も連判して規定外の「負越銭」を取らないと片瀬村と同様な一札を岩本院に差出して負越営業を許可された。ここに片瀬村側住民と江島側住民による負越稼ぎが公然とできるようになった。

時期の比較でやや正確さを欠くが、江戸後期の江島には猟師町七〇軒、社人三〇軒、飲食店二〇軒の計一二〇軒（『風土記稿』）があるので、この頃島民の大半が参詣客を相手に負越稼ぎを営み始めた様子を窺えるとともに、いっぽうで岩本院が関係住民の負越稼ぎを公認することによって急増する参詣者への対応を図ったと看てとれる。

ところで、江島島民の差し出したこの「一札」にはいくつか重要な約束事項が含まれていた。

差し上げ申す一札の事

当島山下の町中の者ども、江戸へ罷り出、当山の御師と名乗り、御祈祷札ならびに天女の尊像等を相添え、何方へもくばり廻り候由、不届きに思し召され候、知人にて江戸へ出入り仕り候分、見舞・土産物なににても持参候儀は格別、向後札・守持廻り、御師職と称え候儀御停止に候間、自今以後この旨急度相守申すべき候こと

附けたり、ただ今まで田舎旦那場の儀は前々通りに仕るべき旨畏み奉り、有難く存じ奉り候、この上新規の儀取り立て申すまじく事

一御坊中への御客の時、拙者ども知人の衆御同道御参詣候とも、暫時の休も宿仕りまじく事…（略）

とあって、このあとに前記の「負越」六九名の連判が続くが、この連判にさらに加わった「田舎旦那場持」の肩書を有する三一名がいた。つまりこの一札に捺印した者は、「負越」六九名と「田舎旦那場持」の肩書を持つ三一名の総計一〇〇名にのぼった。だが、この誓約で注目すべき点は、島民や田舎旦那場持たちが江戸へ出て御師と称しての配札行為を禁止されたことにある。このことは逆に島民たちが従来から持っていた「田舎旦那場」を保証されたといってよいであろう。この島民たちの御師活動が江戸中では制限されるものの、反対に江戸以外の「田舎旦那場」に限定

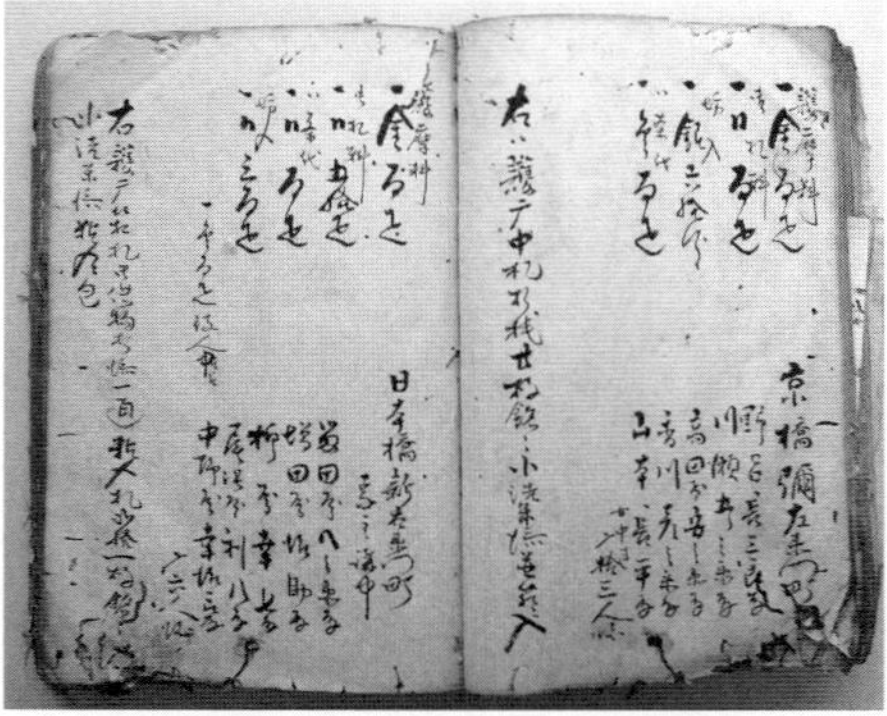

「岩本院参詣者御祈祷・護摩・御札料等覚帳」　藤沢市文書館所蔵岩本院旧蔵岩本院文書

して御師活動を可能としたわけである。

　これを機に島民御師を江戸から締め出し岩本院が江戸市中の旦那を独占するようになった。岩本院と島民の旦那場をめぐる棲み分けが図られたことにより、岩本院は江戸の人々をターゲットにした活動に力を注ぐことになっていったのである。

◇岩本院の「御祈祷帳」と旦那

　幕末期頃の岩本院（本宮）の旦那を窺うことのできる資料がある。表題も欠失していて完全な資料ではないが、仮にこれを「岩本院参詣者御祈祷・護摩・御札料等覚帳」（以下「御祈祷帳」）と称しておく。

　この簿冊には、幕末期の何年かにわたり岩本院に来院した参詣者の日時、氏名（代参者）、人数、講中名、世話人、所在・居住地、宿泊の有無、初穂料、護摩料、御札料、奉納金、坊入料、昼食代、茶代など、さらに参詣者に授与した御札の種類・形態・員数などを記してある。いわば岩本院側が旦那を把握するための分類台帳とでもいえよう。しかし完全な資料ではないので正確な分析には適さないが、凡そこの頃の岩本院の旦那や参詣者の傾向を捉えることができる。岩本院側の旦那分類は、「諸侯《しょこう》口」「御出入講中《おでいりこうちゅう》口」「家主《やぬし》口」「町方《まちかた》口」「田舎《いなか》口」の五タイプで整理されていた。

記載の一例を「家主口」から示しておこう。

　護摩料　　　　日本橋新右衛門町
一金百疋　　　　　家主講中
　御札料　　　　留田屋八兵衛殿
一同五拾疋　　　増田屋治助殿
　同茶代　　　　柳屋幸七殿
一同百疋　　　　尾張屋利八殿
　坊入　　　　　中野屋幸治郎殿
一同三百疋　　　〆六人泊
　　一金百疋役人中江
右護摩箱札、御供物折添一通、粘〆札弐拾一枚銘々
　小洗米添、粘〆ニ包

江戸日本橋新右衛門町の家主講中の中から代参人六（ママ）名が岩本院に宿泊した。護摩祈祷料金

一〇〇疋と御札料金五〇疋を納めた。坊入り金三〇〇疋は宿泊料、茶代（祝儀）は金一〇〇疋。そして、祈祷を受けた護摩札一通は箱入で御供物を添え、御札二一枚は洗米を添え持ち帰った。日本橋新右衛門町の家主講中は二一人の構成で、六人が代参したのであろう。記事からこのようなことが知れる。

◇岩本院の旦那場

「御祈祷帳」の前記のような記事を岩本院の分類に従って集計すると次のような結果となった（『近世仏教と勧化』）。【表4】

「諸侯口」は在府の諸大名たちなど一八口である。例えば、下野国宇都宮の戸田山城守は春夏、正・五・九（月）に祈祷料を納め、祈祷日はお伺いのうえで日時が決まり、祈祷の札は岩本院が屋敷へ持参して献上するなど特別な扱いであった。

「御出入講中口」は四二口。「松平右京亮様御出入講中」「稲葉丹後守様御出入講中」など と講中名を冠し、諸侯に出入りする江戸の諸商人によって結成された講中である。札数は一一八三枚であった。

「家主口」は四〇口。江戸市中の家主という共通基盤のもとで分類された講中である。神田、日本橋、麹町、深川、赤坂、芝口など各地域や丁（町）内単位で講中を結んでいた。札数八八五枚。

「町方口」は五三口。「地掛蠟燭問屋仲間」「銅吹所吹職大門通銅仲間」「両替屋十七番組」「鮨渡世永続講中」などの講中名を冠し、江戸市中の諸商人・職人等の同業者を中心として結成された講中である。札数一四八一枚。

「田舎口」は八二口。江戸以外の地域で結講された講中や人々である。国別に見ると、相模国九口、武蔵国四八口、上総国三口、下総国四口、常陸国二口、上野国六口、駿河国四口、甲斐国三口、遠江国一口、不明二口で、札数一七五九枚。「田舎口」の多くは武蔵国の人々で、特に八王子を中心として多摩地域に色濃い分布傾向がある。

岩本院の旦那のありかたを概観してみると、江戸口講中（一五三口）と田舎口講中（八二口）に大別できる。また江戸口の札数（三五四九枚）と田舎口札数（一七五九枚）となり、岩本院の配布札数について見れば、約六七パーセントが江戸市中で占められている。岩本院が江戸市中での旦那獲得に力を注いだ結果といえようか。先に見た宝永四年（一七〇七）四月の一札により島民御師と江戸の旦那場をめぐる棲み分けがこのように表れたのであろう。

【表4】　岩本院祈祷帳による旦那区分と札数

地域	旦那分類	口数（講中）	札数
江戸	諸侯口	18口	
	御出入講中口	42口	1,183
	家主口	40口	885
	町方口	53口	1,481
田舎	田舎口	82口	1,759
計			5,308

◇宿坊と島内旅籠屋

「御祈祷帳」は岩本院の旦那把握簿であるが、いっぽう岩本院を訪れた参詣者の行動が一様でないことも窺える資料である。多くの場合参詣者は護摩料やお札料を払う。中には茶代、中食料のみ記す者たちがいる。これは昼食を済ませてお札を受けて帰ってしまった者たちであろうか。ただ坊入り料を払う者たちが圧倒的に多い。坊入りは岩本院に宿泊した料金をいい、一人金五〇疋が相場であったようだ。

ところが、坊入りをしない者たちがいる。岩本院で祈祷を受けお札を貰っても宿泊せず、明らかに島内の他の旅籠屋に投宿する人たちがいた。しかも、これらの者たちと旅籠屋の関係は常態化していたようで、岩本院側もこれを是認していたような帳面の記し方である。参詣者と旅籠屋とのいわば「定宿」の関係が出来上がっていたのである。

慶安三年（一六五〇）に島民による原則旅籠屋の禁止と三坊による宿泊先の指示権は評定所の裁許で明確になっていた。また宝永四年（一七〇七）には島民御師の江戸での活動禁止、島民御師の田舎旦那場所有の許容、島民旅籠屋へ岩本院参詣客の休憩・宿泊の禁止を明文化してきた。このような岩本院と島民の約定からすれば、島民による旺盛な旅籠屋経営は制限されてしかるべきだろう。

「御祈祷帳」は幕末期の記録である。慶安期から約二〇〇年、宝永期からも約一四〇年もたっている。この間に「江島詣」人気が高まり、宿泊先の確保にあたって、厳格な規定をゆるめつつ現実的な対応を岩本院が余儀なくされた結果であろう。

天保四年（一八三三）と同十年に版行の『江の島まうで浜のさざ波』（以下『浜のさざ波』）は、江島入口の両側や猟師町に計二二《ママ》軒の旅籠屋があると紹介している。屋号を列記すれば、亀屋三左衛門、江戸屋忠五郎、讃岐屋八郎左衛門、桔梗屋十兵衛、紀伊国屋平六、堺屋弥平太、北村屋五郎兵衛、恵比寿屋吉左エ門、北村屋伊右衛門、中村屋勘右エ門、紀伊国屋作右エ門、堺屋平十郎、渡辺四郎兵衛、扇屋佐左衛門、絵図屋善兵衛、恵比寿屋茂八、北村屋忠左エ門、橘屋武兵衛、池田屋伝六、福島屋庄右衛門、小松屋孫兵衛であった。

◇下之宮の旦那と青銅鳥居

上之宮や下之宮を司る上之坊・下之坊はどのように旦那を獲得していったのであろうか。上之宮を預かる上之坊は岩本院の兼帯する関係にあったが、上之坊住職の引き継ぎ目録の中に「旦那帳」があるので上之宮でも固有の旦那があったのは確実だ。下之宮を預かる下之坊でも同様に固有の旦那があったはずである。しかし上・下之坊の旦那把握を示す資料が無くよくわからないのが実情である。

江島入口に立つ青銅華表（鳥居）の寄進者銘をたよりに下之宮の信者層を少しく探ってみよ

う。

青銅鳥居は「大弁財天」の額を掲げ三社の惣鳥居であった（『風土記稿』）。この鳥居の両柱に銘文があり、延享四年（一七四七）に鋳建てられ、文政四年（一八二一）に下之坊恭真が願主となって再鋳されたものであることが分かる。両柱に二〇〇名を超える多数の寄進者も刻まれていて、下之宮の信者層が知られて興味深い。島内に向かって左柱は延享時、右柱は文政時の寄進者名が刻まれている。

青銅鳥居　江島神社提供

銘文の詳細は『藤沢市史　第一巻』（「金石文編」）に報告があるのでそれに譲るが、延享時の寄進者は八王子宿を中心にした武蔵国多摩郡の南部方面を中心に色濃い。正徳二年（一七一二）の記録によると、「下之宮の檀方、前々江戸ニて無之」ようであったが、しかし、文政時の再建鳥居の寄進者名でわかるように江戸市中の信者を積極的に募ったことが看てとれる。特にこの再建にあたって、願主に新吉原の妓楼大旦那の扇屋宇右衛門・大黒屋勘四郎・松葉屋平蔵、世話人に浅草新鳥越町八百屋善四郎（高級料亭「八百善」）などが名を連ねているのをはじめ、新吉原の妓楼の屋号を持つ者多数がみられ、また当時有名な遊女「松葉屋内代々山」の名もあるように、遊里や浅草御蔵前・諏訪町・本材木町などその周辺の人たちによって再建された鳥居であった。文政時の鳥居再建は下之坊でも岩本院と同様に江戸での旦那獲得に力を注いだ結果である。当然のことながら、岩本院も下之坊も江戸市中にそれぞれの支持者を求めたのであるから、旦那場をめぐって両者は競合していた訳である。

下之宮弁財天と下之坊は江島入口に最も近い立地にあった。参詣客は自然とここに足を止めることになろう。こうした下之宮・下之坊の繁昌は岩本院との対抗を生む遠因でもあった。

『明月余情』　国立国会図書館ウェブサイトより

【コラム】　江島と遊里

遊里の場「新吉原」と江島の繋がりは深い。江島の「唐人囃子」や「龍神囃子」と称し新吉原でもてはやされていたことが『明月余情』（安永六年刊・国会図書館所蔵）に吉原俄《にわか》の絵で紹介されている。

これらの囃子は普通の祭り囃子の楽器構成と違い

「哨吶」(チャルメラ)「三味線」「ドラ」などで構成された独特のもの。現在でも江島神社の祭礼に併せ演奏されているが、昔は本宮より旅所へ神宮を移遷する「二度の祭祀」に供奉したという伝えである。

◇二度の祭祀と参詣の誘い

江島での信仰の中心となっていたのが「本宮」(岩屋・龍穴)である。縁起でここにはじめて弁財天が垂迹したという霊地である。『風土記稿』によると、本宮に弘法大師の作像と伝える「神像」(弁財天像)や神明・春日・八幡などの木像が祀られ、本宮の例祭として「四月上の巳の日より十月上の亥日迄神宮を山上の旅所に遷座し、是を二度の祭祀と称す」とある。毎年この期間に神像などが約半年の間本宮を離れ、御旅所(本社/現在の奥津宮)で祭祀されていた様子である。『風土記稿』より一五〇年ほど前に編修された『鎌倉志』(徳川光圀の調査は延宝期)には、「近年、下宮・上宮の外に、本社と号し、山上に建立」した建物が出来ていて、「龍穴の内に所有の仏像どもを、此社に遷し置くなり、巌(岩)本院是を司どるなり」とある。また、岩本院の記録によると、岩屋内安置の宮殿は雨潮にさらされているため、延宝三年(一六七五)正月より島の頂上に旅所の造営を開始したと見える。本宮の神像などを御旅所(本社)に遷座しておこなう本宮の例祭として整ったのはおそらく延宝期頃からのようだ。

正徳三年（一七一三）の記録によると本宮に関わる祭事は次のようであった。

正月二日　歳首御祈祷　大般若経転読　導師惣別当　上之坊・下之坊出仕
三月二十一日　正御影供法会　唱礼惣別当　唄士上之坊　回向下之坊
卯月初巳　御神事　唄士惣別当　対揚上之坊　宝号下之坊
五月十五日　本宮仮遷宮　遷宮師惣別当　供奉上之坊・下之坊
九月二十九日　正遷宮　遷宮師惣別当　供奉上之坊・下之坊
十月朔日　御祭礼　上之坊・下之坊出仕

惣別当岩本院を中心に上之坊・下之坊が出仕して例祭や祭事が執り行われていた。こうした祭祀の定着化は江島参詣が盛んになっていく時期に符号する。

また、このような年中祭事の定着化とともに、本宮岩屋の神宮を旅所に移遷する「二度の祭祀」を厳粛かつ賑わしく演出するため岩本院は神事楽の再興を享保二年（一七一七）から着手している。もともと岩本院には、楽器や神器とともに神輿があったがこれらを焼失してしまったので、神輿とともに楽器類も新調し、神事楽をも再興する手はずで、来る享保三年を目途に進めた。こうして神像などが本宮旅所へ移遷の時「別当、社僧、神人列を正し音楽にて此旅所まで祭礼の御行列」（『浜のさざ波』）と賑やかに執り行われ人目をひく祭事となったのである。

神事楽は東儀家からの伝授であった。別当岩本院をはじめ家来どもが門弟になり、他流への転向などを禁じる誓詞が交わされた。誓詞には東儀兼方、東儀季忠の名がみえる。彼らは江戸城紅葉山の楽人であった。

このように岩本院は祭礼の厳粛化と参詣者を誘うための環境を整える努力も怠っていない。

第三章　開帳の開催と大都市江戸

第一節　江島三社の弁財天像と開帳

◇江島三社の弁財天像

江島本宮・上之宮・下之宮の三社にはそれぞれ由緒の異なる弁財天像が祀られていた。『風土記稿』や由緒書などから各社にあった弁財天像を見ておこう。

本宮は江島弁財天信仰の中心となっていた岩屋・金窟のことである。江島縁起では、生身の天女に見えた弘法大師は弁財天像を自刻、同じく生身の天女を拝した慈覚大師も弁財天像を自刻してそれぞれ金窟に納めたとある。『風土記稿』には弘法作の神体があるとのみ記すが、岩本院の由緒書によると、岩屋内には弘法大師作の八臂弁財天像と同作の宇賀神蛇形弁財天像を安置してあり、八臂像は常に幌を開いて祈祷を行い、蛇形像は内陣で奉安していて元和年中から三十三年目毎に開帳する慣わしにあったという。これら尊像が先に見たように「二度の祭祀」で約半年間は岩屋を離れ旅所で祭祀されることになっていたのであった。

いっぽう上之宮には、慈覚大師作の弁天坐像（長二尺五寸）と蛇形の石像、また下之宮には弘法大師作の八臂弁財天像（長二尺五寸）と良真作の蛇形像（長二尺）が安置してあると『風土記稿』は記している。

つまり江戸時代の三社には八臂弁財天像と蛇形弁財天像が一躰宛あった。由緒書では八臂像を「権」（仮の姿）、蛇形像を「実」として祀り、各社それぞれで祭祀を行っていたのである。

◇ご開帳とは

江島弁財天を広め参詣者を誘ったおおきな要因は「開帳」の開催である。開帳とは文字通り、日頃は秘して拝されない尊像などの「帳《とばり》」を開いて諸人に結縁を促した。そもそも霊仏などは、その縁起に基づき、干支にあわせた祭年・日、あるいは三十三年目などの節目にあわせ、奉安の場所で開帳することが古くから行われてきた。これを「居開帳」といった。これに対し、別な場所へ尊像などを移動して臨時に開帳する「出開帳」もあった。ことに「出開帳」は大都市などへ出かけて行って多くの人々からの寄進が期待できるため、江戸時代中頃から諸国の寺社が競って大都市江戸での開帳を企図した。京都嵯峨・清凉寺の釈迦如来、信州・善光寺の阿弥陀如来などの出開帳は大変な人気を集めた。

　このため、江戸市中での出開帳は、寺社や尊像などの維持・修復助成を目的とした出願に限定して寺社奉行がこれを「差免」す慣例となっていた。江戸市中での開帳は、年五つ（五の寺社）以内とし、各日数六十日を限って運用されていた（「開帳差免帳」国立国会図書館所蔵）。

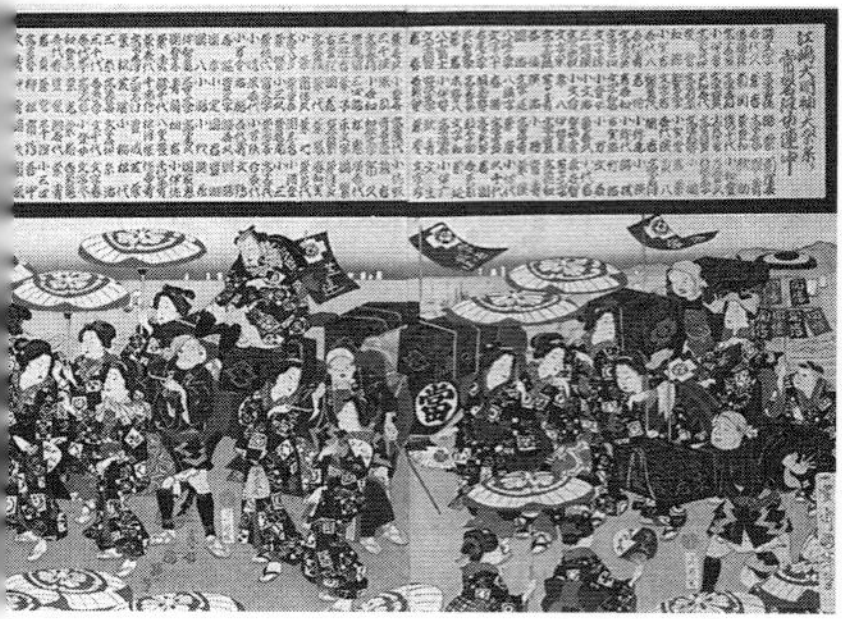

◇島内の開帳

　江戸時代における江島弁財天の開帳を一覧表にしたので、これをもとに見ておこう。【表5】

　居開帳は元和元年（一六一五）の本宮岩屋秘尊の開帳記録が初見である。その六十一年後の延宝四年（一六七六）にも岩屋秘尊の開帳があった。貞享二年（一六八五）には下之宮が三十三年目として開帳を行った。以下表を通覧して見ると、本宮、上之宮、下之宮にそれぞれ祀られている弁財天像は一定のルールの下に開帳されていた様子がわ

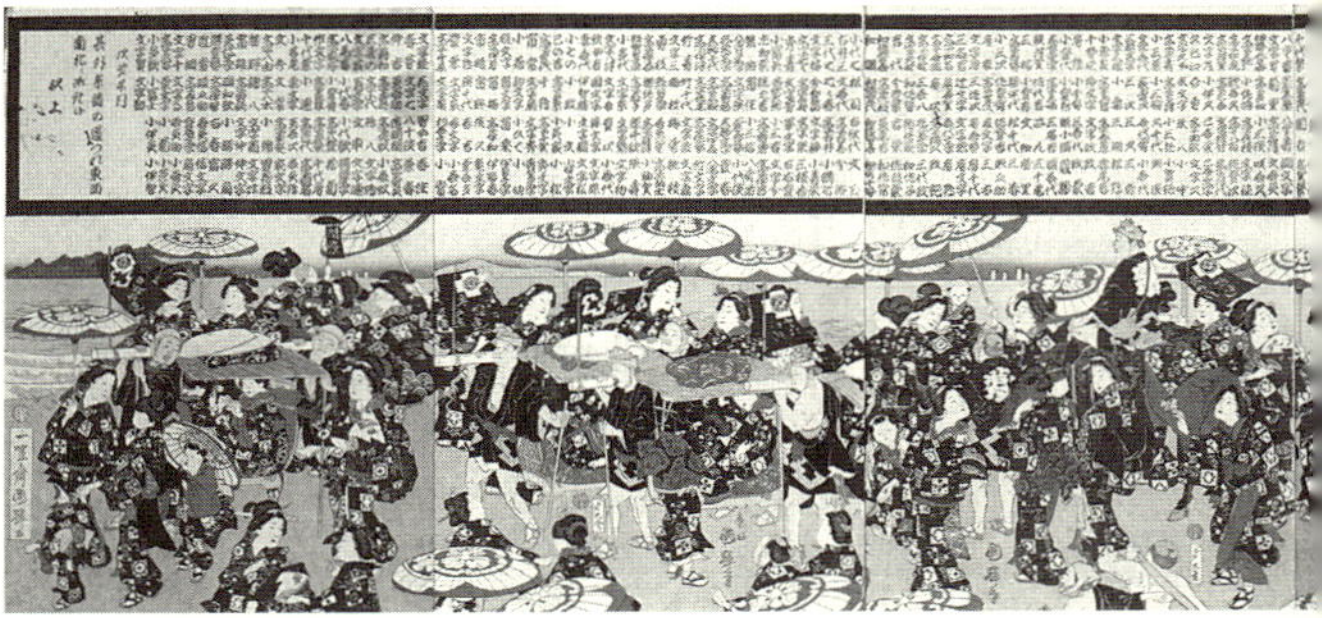

「江嶋大明神大祭参り常磐津女連中」　二代国輝
藤沢市藤澤浮世絵館所蔵

かる。つまり六十一年目毎の己《つちのと》巳《み》年には三社の弁財天像の惣開帳を、亥年と巳年の六年目毎には各社に安置する弁財天像の順次の開帳を行い、それぞれ開帳期間がほぼ一〇〇日間であることを江島弁財天の開帳ルールとしていた。

三社惣開帳の上限記録は管見の範囲だが元禄二年（一六八九）である。それ以前の惣開帳の有無はもちろん判然としないが、この元禄期を境に惣開帳が定着したようだ。以降、六十一年目己巳の年にあたる寛延二年（一七四九）、文化六年（一八〇九）の「己巳」年の惣開帳があった。文化六年の次の惣開帳は明治二己巳年（一八六九）にあたるが、神仏判然令とその実行の時期になるため、仏教的な色彩の強い弁財天像の開帳を憚ったのか「江島大明神大祭」と改称され執行された。

江島の開帳は人々の関心を集めたようで、『武江年表』の著者である斎藤月岑《げっしん》は開帳の度に「江戸からの参詣者

開帳年	西暦	開帳期間	開帳仏・＜開帳場所＞	備考
寛政９年 丁巳	1797	寛政９年 春（武）	本宮開帳 弁財天開帳（武）	江戸より詣 人多し（武）
文化６年 己巳	1809	開帳 ４月より７月 迄（武）	本宮岩屋弁財天（武） 三社惣開帳（浮世絵）	江戸よりの 参詣夥し、 江戸にても 所々弁財天 開帳（武）
文化12年 乙亥	1815	開帳 4月15日より （武）	岩屋蛇形弁財天・21年 目 上之宮弁財天（武）	江戸より参 詣多し（武）
＊文政2年 己卯	1819	３月３日より 60日（免）	岩屋八臂弁財天＜深川 八幡＞（免）	旅所等大破 （免）
文政４年 辛巳	1821	春中	下之宮	
文政10年 丁亥	1827	春より夏（武）	上之宮弁財天（武）	江戸より参 詣多し（武）
天保４年 癸巳	1833	３月７日より 100日 ３月７日より （武）	本宮岩屋弁財天 下之宮弁財天（武）	江戸より詣 人多し（武）
天保10年 己亥	1839	３月７日より 100日 開帳（武）	下之宮弁財天 江島弁財天（武）	江戸より参 詣多し（武）
弘化２年 乙巳	1845	3月15日より 100日 3月15日より （武）	上之宮弁財天 上之宮弁財天（武）	江戸より参 詣多し（武）
嘉永４年 辛亥	1851	2月28日より 100日 2月28日より 100日（武）	本宮岩屋大弁財天秘尊 岩屋蛇形弁財天（免） 窟弁財天（武）	江戸より参 詣多し（武）
＊安政3年 丙辰	1856	８月９日より 11月８日 ８月９日より 60日（免） ８月９日より （武）	本宮岩屋八臂弁財天＜ 深川八幡＞ 岩屋八臂弁財天＜深川 八幡・永代寺＞（免） 本宮岩屋弁財天＜深川 永代寺＞（武）	天保度本社 他類焼（免） 詣人少し （武）
安政４年 丁巳	1857	３月３日より 100日（武）	下之宮弁財天（武）	江戸より詣 人多し（武）

（　）は出典、（武）は「武江年表」、（免）は「開帳差免帳」、
無記は岩本院文書　＊は出開帳

【表5】江島弁財天開帳年表

開帳年	西暦	開帳期間	開帳仏・＜開帳場所＞	備考
元和元年 乙卯	1615	2月2日より 100日	本宮岩屋秘尊	
寛永頃			御かいちょう	
延宝4年 丙辰	1676	2月16日より 5月26日	岩屋秘尊	
＊延宝9年 辛酉	1681	60日間	本宮八臂弁財天＜浅草第六天社＞	延宝8年冬 岩本院炎上
貞享2年 乙丑	1685	3月9日より 100日	下之宮秘尊・33年目	
元禄2年 己巳	1689	春中	本宮・上之宮・下之宮 61年目開帳	
元禄14年 辛巳	1701	3月3日より 6月13日 3月3日より (「野津田村年代記」)	上之宮開帳・33年目 上之宮弁財天(「野津田村年代記」)	
宝永4年 丁亥	1707	2月25日より 6月6日迄 100日	本宮秘尊・33年目	
正徳3年 癸巳	1713	3月4日より 閏5月15日迄 100日	下之宮開帳・33年目	
寛延2年 己巳	1749	4月より7月迄100日	三社弁財天惣開帳 今年、本社開帳(武)	江戸より参詣の輩多し(武)
宝暦5年 乙亥	1755	4月より7月迄	上之宮弁財天	江戸より参詣多し(武)
宝暦11年 辛巳	1761	4月15日より(武)	岩屋弁財天 岩屋弁財天(武)	江戸より参詣多し(武)
明和4年 丁亥	1767	4月(武)	下之宮弁財天(武)	江戸より参詣多し(武)
安永2年 癸巳	1773	4月11日より 7月21日迄 4月より(武)	上之宮弁財天 上之宮弁財天(武)	江戸より参詣多し(武)
安永8年 己亥	1779	安永8年 4月より7月迄100日(武)	本宮開帳 本宮岩屋弁財天(武)	江戸より参詣多し(武)
天明5年 乙巳	1785	3月8日より(武)	下之宮弁財天(武)	江戸より参詣多し(武)

多し」と開帳人気を記し、とくに文化六年の惣開帳は「江戸よりの参詣夥《おびただ》し」や「江戸にても所々弁財天開帳」と特記した。江戸では江島弁財天の開帳にあやかるのか、各所で弁財天の開帳があって異常な人気ぶりを留めている。著者の記述はやや誇張があるかも知れないが、江島開帳が江戸人にとって評判のよかったことは確かである。

このような開帳の定着化は江島の参詣者たちにとって参詣を容易にさせた。とくに講中として団体で参詣を果たすには、開帳の日時が明確なほど参詣の計画をたてやすくなったはずだからである。

第二節　江戸の出開帳

◇文政の出開帳

江島弁財天の江戸出開帳を見てみよう。延宝九年（一六八一）、本宮八臂弁財天を江戸浅草第六天境内で六十日間行った記録が最も古い。恐らく前年に岩本院が炎上したため再建費用捻出のための出開帳であろう。

その後、文政二年（一八一九）と安政三年（一八五六）の二度出開帳を行った。いずれも本宮岩屋安置の弁財天像で、上之宮、下之宮の弁財天像の江戸での出開帳はなかった。この点から見ても本宮・別当岩本院は江戸幕府の厚遇を受けていた。

文政二年の出開帳は詳細な記録「八臂弁才天出開帳壱件」が岩本院の手で残されてある。本宮旅所をはじめ鐘楼、求聞持堂などが大破し自力で修復できないので、三月三日より六十日間、岩屋安置の八臂弁財天を深川永代寺境内（深川八幡）で開帳し修復費用を募った。開帳場となった深川永代寺は、両国や浅草などとともに出開帳を開催する側にとって競望《けいぼう》の場所であったが、御室派（仁和寺）に属し岩本院と同派だった。このような関係を生かし開帳場は幸いに確保できたが、岩本院は「容易ならざる開帳」だと、今回の出開帳を不安視している。江戸市中での出開帳は、喜捨に期待する諸国寺社が競って企画したので、寺社奉行所は、三十三年に一度を開帳年の目安とし、年五か寺以内、日数六十日を限って差免することを原則にしていた。本宮の「居開帳」（蛇形弁財天像）が去亥年（文化十二年）に行われたことから、原則からいえば「年限未満」（三十三年）の開帳となって不許可になることを心配したからだ。

しかし、こうした「年限未満」の開帳許可には、開帳本尊を取り換えるという上手い方便が考えられていた。つまり文化十二年（一八一五）の居開帳では「本宮の蛇形弁財天像」を開帳の主尊に、今回の文政二年の出開帳では「本宮の八臂弁財天像」をそれぞれ開帳本尊に見なして、寺社奉行所の原則をクリアーするような手法がしばしば取られていた（『近世開帳の研究』）。各開帳の本尊がそれぞれ違えば「年限未満」とはならないとの論拠である。

今回の本宮岩屋八臂弁財天の江戸開帳は「年限未満」の開帳と見做されたが、寺社奉行所より上位にあたる老中に伺ったうえでの差免しとなった。

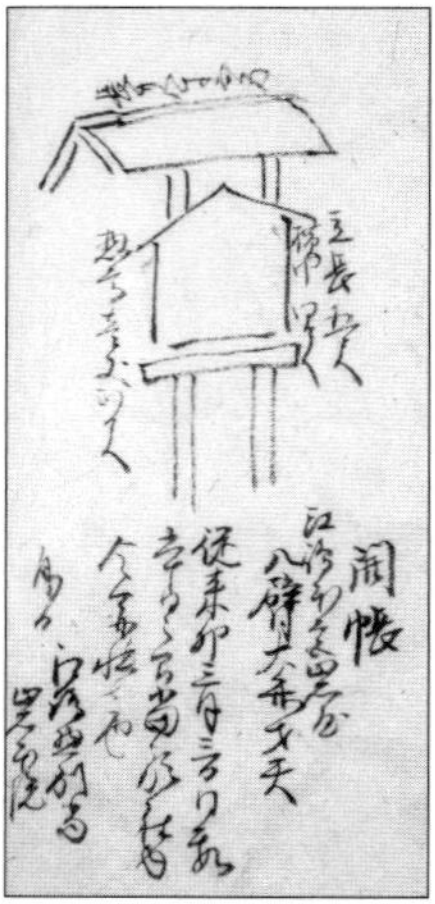

「八臂弁財（才）天出開帳壱件」（開帳予告立札の部分）　藤沢市文書館寄託岩本院文書

◇出開帳の準備

江戸市中での出開帳を差免された岩本院は寺社奉行衆へのあいさつ回りをはじめ諸準備で多忙を極めている。江戸城御本丸・西御丸、御室御所への開帳吹聴の書状を差し出すことも忘れない。担当の寺社奉行へは、葵紋付戸帳・幕の使用、開帳小屋の規模や図面、開帳時にあわせて陳列する霊宝品の目録、開帳周知のための立札の仕様図面・設置場所等の書類提出で忙殺の日々が続いた。

立札は、開帳場の八幡宮表門前に「開帳江嶋本宮岩屋八臂大弁才天、従来卯三月三日、日数六十日之間、当於社内令開帳者也、江嶋惣別当、岩本院執事」と書いた屋根付き大型のもの、同様に浅草雷神門前、両国広小路、品川大木戸、深川永代橋には中型のもの、千住宿、板橋宿、本郷追分、上野山下、新吉原、市ヶ谷、江戸橋際、赤坂、四谷、五百羅漢前に小型板を設置した。

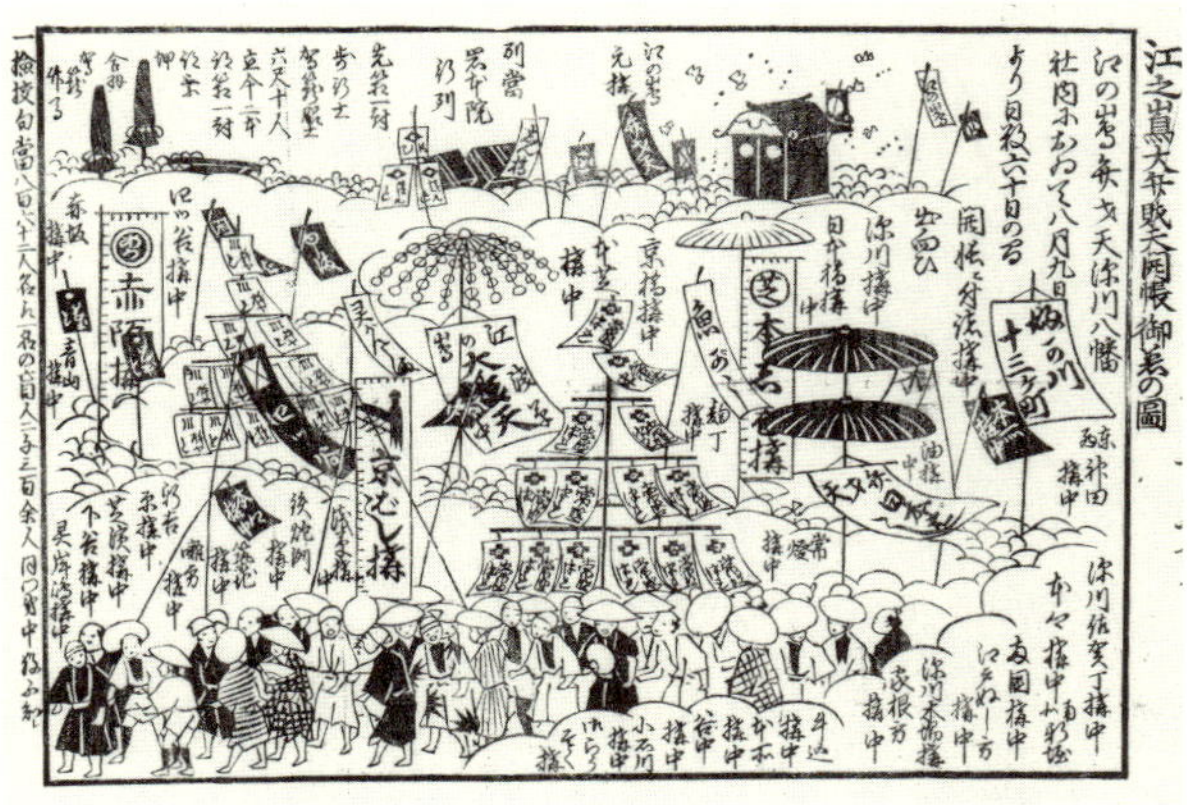

江之島大弁財天開帳御着の図（不詳）　藤沢市藤澤浮世絵館所蔵

◇安政の出開帳

文政二年（一八一九）の出開帳から三十六年を経過した安政三年（一八五六）になって再び江戸で出開帳を開催した。この出開帳でも岩本院は詳細な記録「於深川八幡境内本宮八臂弁才天出開帳万控」を残した。

そもそも今回の出開帳は永代寺門前にいた江島弁財天の世話人らの発案であった。寺社奉行所への願書では、本社（本宮御旅所）・拝殿や諸末社などが天保十三年（一八四二）に類焼し、本社はかなり再建できたものの拝殿その他は自力ではとても叶わず、江戸出開帳の助成をもって完成させたいと同年五月になっての急な申請となった。開帳場は文政度と同じ永代寺境内、日限は八月朔日より日数六十日間、開帳本尊は岩屋安置の八臂弁財天像にして寺社奉行所の差

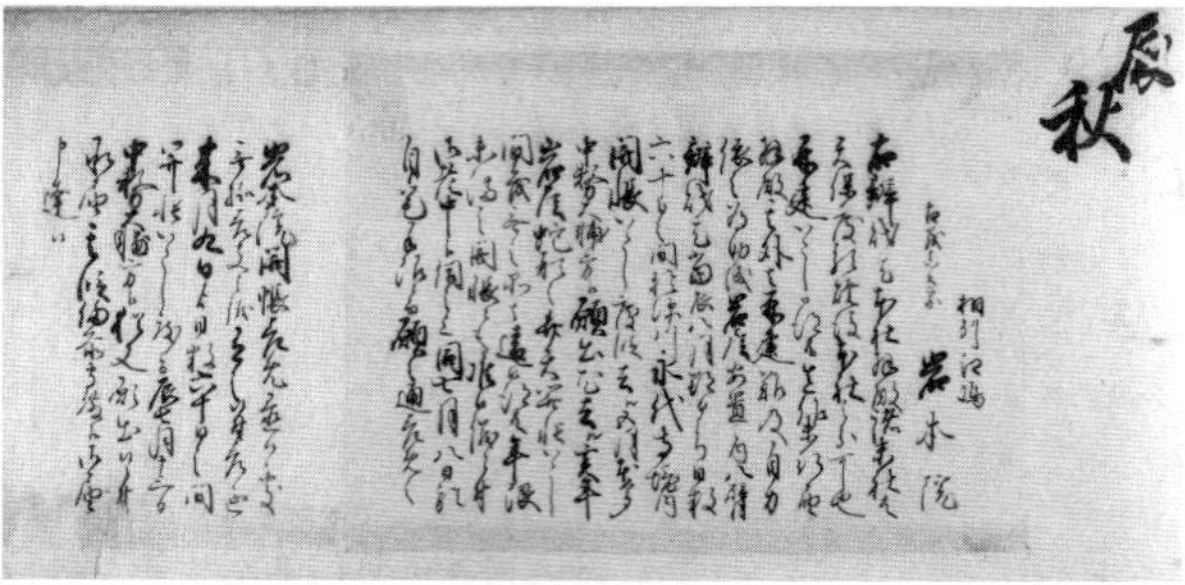

「開帳差免帳」　国立国会図書館ウェブサイトより

免しを得た。

しかし、ここでも文政度の出開帳と同様に開帳の開催間隔と開帳本尊が問題となった。去る嘉永四亥年（一八五一）に本宮岩屋安置の蛇形弁財天像が江島で開帳されてからわずか五年しかたっていないので、「年限未満」の開帳になるからであった。今回も開帳本尊を八臂弁財天像に替え老中に伺いの上でなんとか差免しとなった。

ところが、開帳開催が近づいた七月になって開闢《かいびゃく》日の変更を願い出た。ちょうど盆中にさしかかって開帳場の仮作事や諸準備が開帳開始日の八月朔日までに余日がないなどの理由であった。開帳は八月九日から始まり十月八日まで六十日間との変更を寺社奉行所が認めた。岩本院は文政度の記録をもとに、葵紋付の使用、開帳小屋の図面、周知用の立板など準備に忙しい。

八幡宮境内の開帳場は梁間三間に一〇間半であり、火の番所、手水鉢舎、焼香場などを併設した仮の建物であった。

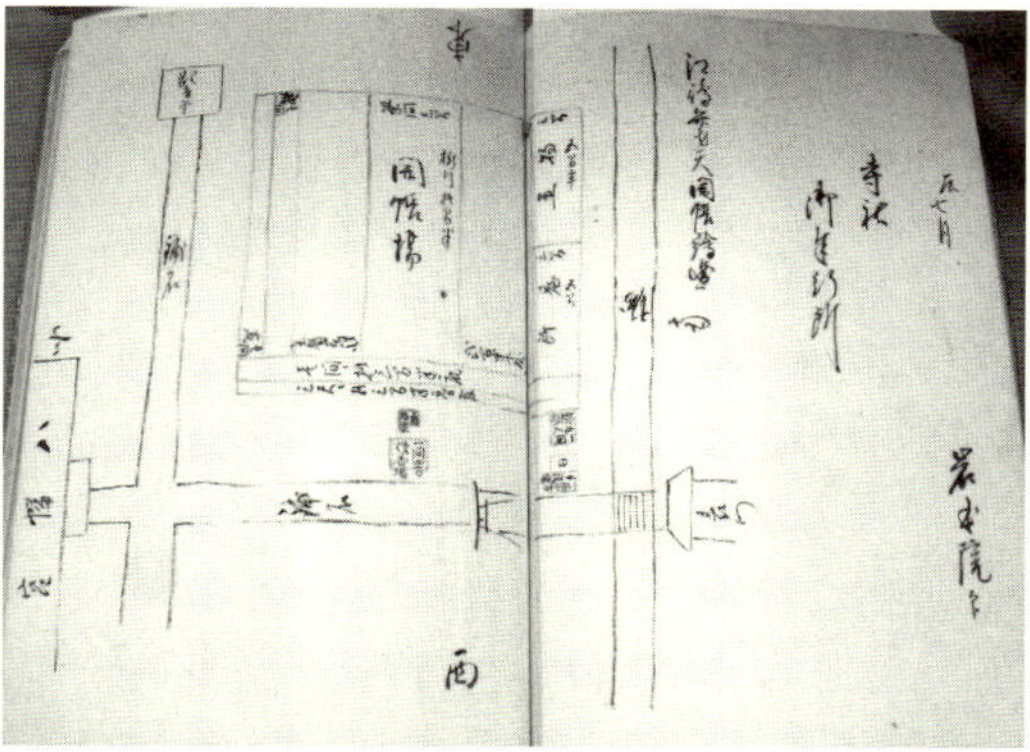
「於深川八幡境内本宮八臂弁財（才）天出開帳万控」（開帳絵図の部分）　藤沢市文書館寄託岩本院文書

◇出開帳に反対する島民

出開帳の出願や準備のさなか今回の本宮弁財天像の出開帳に対し下之宮の領民が反対の意思を下之坊に示した。文政度の出開帳時にも「村方一統騒動いたし」たことがあった。この時は今後の出開帳を「決していたす間敷」と、岩本院・下之坊との間の対談で領民をなんとか納得させたが、今回また出開帳の出願になったら寺社奉行所へ駆け込み願いをするような勢いであった。今回の出開帳の趣旨が本社の再建のため格別だと言い聞かせ、加えて「今後は出開帳決して願い間敷」との規定書を作成し、その文案を島民に読み聞かせることで漸く治まった。岩本院は上・下之坊に対し出開帳の終了時、土産金として二十五両と米二十五俵宛を遣わすとの内談をしているのも、出開帳開催が上之坊・下之坊の協力が必要であったからである。加えて今後出開帳の計画は村役人・

町方の者共と内談をよくし、上・下之坊へ相談をして慎重に進めるようにとも書き留めている。いずれにせよ出開帳は全島をあげての協力を要することなのであった。

岩本院主導の江戸出開帳はとにかく島民に不人気であった。その理由はよくわからないが、「近来島表も時節柄旁百姓共一同難渋之趣故」と生活困窮があがっていた。

◇安政の出開帳と霊宝

本宮の弁財天像を江島から移送する前日に八州取締役人と家来・手先の者が来島して一宿した。岩本院は礼金とともに酒肴の接待でもてなした。江戸までの警護などを依頼するためである。

開帳本尊の弁財天像は七月二十五日に江島を立った。わざわざ巳の刻を選んでの出立であった。一行は藤沢宿を経て同日は神奈川宿泊、二十六日は品川の法善寺に泊まり、二十七日に深川永代寺に入った。陸路二泊三日の道中であったが、新橋より深川まで所々でも盛大な歓迎ぶりであった。『藤岡屋日記』には当日のお迎えを「常磐津、冨本、清取（元）、長唄のゆかた、日傘ニ而出る也」と賑わしさを書き留めている。

「江の島弁才天開帳参詣群衆之図」　国郷　藤沢市藤澤浮世絵館所蔵

ただ江戸市中での出開帳時などに講中による鉦・太鼓など派手なお迎えがこの頃禁じられていたので、やや控え目なお迎えであったかも知れないが、江島弁財天と音曲界との深い信仰関係を看てとれよう。

江島弁財天一行の行列仕立ては、八臂弁財天像は白木の法形《ほうぎょう》輿（五尺四方）に乗り、葵紋付の御朱印長持・寄附物長持一棹、霊宝長持三棹、先導の徒五人、朱網代御駕、挟箱など、随伴者多数で構成された（『藤岡屋日記』）。こうした行列は道中の人目をひいた。行列が休憩や宿泊するとお賽銭をあげる人もあったのであろう、「道中奉納金四十五両」（往復路）にもなっていた。

長持三棹に収まっていた江島の霊宝類はどのような品物であったか。すでに寺社奉行所へはその品々の届も済ませていた。このような霊宝類の選択まで口出しする寺社奉行所ではなかったが、「頼朝公三歳のこうべ（頭）」といった小噺（「再成餅《ふたたび》」）にもあがるような、怪しげな品物も少なくなかったことからであろう、一応の届出をする慣行にあった。

『藤岡屋日記』は開帳時の見聞で霊宝類を書上げているのであろうか。これらを岩本院が寺社奉行所へ提出した霊宝目録と較べると出陣の霊宝類に多少の違いが見える。『藤岡屋日記』の筆者は、「釈尊所持の鏡」「日朝上人筆細字法華経」など、興味本位の霊宝を敢えて紹介したのかも知れない。いっぽう岩本院の提出した霊宝目録では、石像大黒天（弘法大師作）、江島大明神額（後宇多院宸筆）、北条家制札、江島一山五巻縁起など、岩本院の由緒・来歴を顕示するような品々であった。

◇安政出開帳の不人気

開帳の初日が遅れたとはいえ、その後順調に進んでいたかに見えた安政度の開帳は突然の大風雨に見舞われた。八月二十五日夜であった。これにより開帳場仮小屋が大破、開帳本尊の八臂弁財天像は取り敢えず八幡神殿へ避難させたが、諸品悉く大破した。

このままでは開帳の継続が出来ないので、八月二十六日より九月十四日まで十九日間の開帳休止とした。早速手近な所から修復に取り掛かりつつ、寺社奉行所へ開帳再開日を九月十五日と定め届け出た。しかし、このような事態から喜捨も少ないと予想され、開帳期間を十一月十七日までとする日延願を寺社奉行に併せて願い出たが、結局十日間の日延べを差免されたのみで、十一月八日が結願日（閉帳日）と正式に決まった。

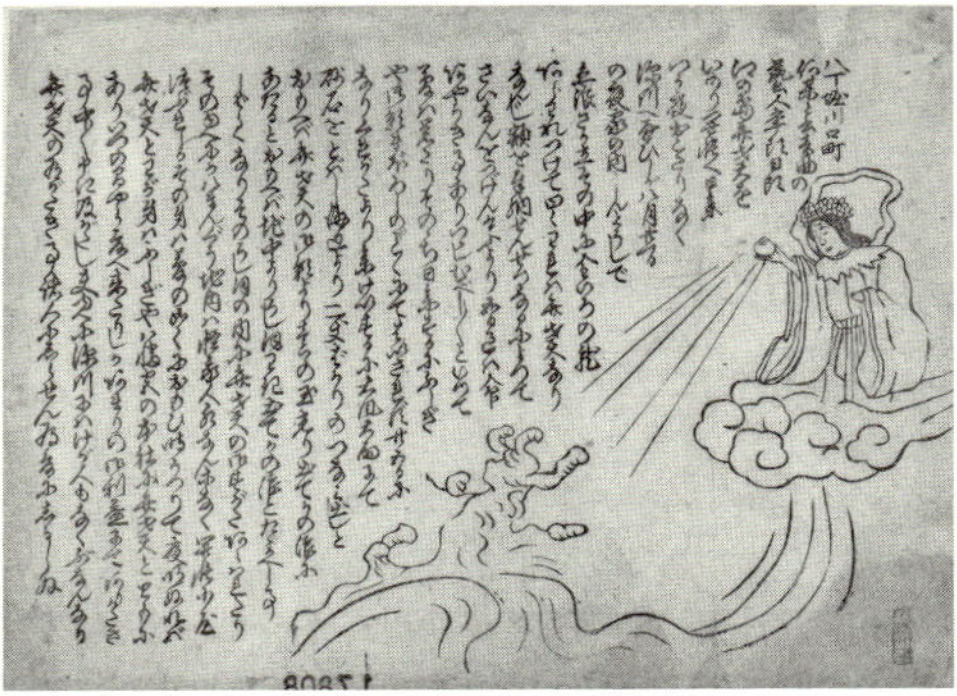
「江の島辨（弁）天御利益ばなし」　神奈川県立金沢文庫所蔵

この度の出開帳は災害に見舞われ期待した程の助成にならないと思ったのであろう。一策を講じ、木版墨刷の一枚を発行した。この刷り物（「江の島辨天御利益ばなし」）は、深く江島弁財天を信仰していた八丁堀の音曲芸人が弁財天の霊夢によって大暴風雨の難を逃れたという霊験譚を記したものであった。予期せぬ大風雨で開帳小屋が潰れ喜捨の減収につながる事態から、なんとか人々を引き付ける開帳にするべく、不慮の災難を弁財天の御利益譚に成して増収を託そうとする切迫な思いが伝わる。

◇出開帳と奉納品

そもそも出開帳は都市部に出かけて喜捨を多く集め

る手段であった。このため八幡宮境内の開帳場に附属して、参詣者が奉納品などを区分して納め易くなるように「奉納場所」を設置したいと寺社奉行所へ伺っていた。奉納場所とは、「御《お》供米《くまい》奉納所」「挑灯《ちょうちん》奉納所」「音曲奉納所」で、これらを設置する計画であった。しかし、奉行所は、御供米や挑灯のような奉納品の奉納所は認めるが、「芸人奉納三味線は成難」とし「琴・琵琶」の音曲奉納に限り許すとして当該奉納所を認めない判断をした。恐らく三味線などによる出開帳仏の送迎が派手過ぎるとするとの禁止令に従った措置であったのであろう。

ところで、開帳中どの位の奉納金品があったのか。明確な資料は無いが、安政時の記録から凡そ奉納の様子を窺ってみよう。【表6】

江島弁財天開帳に合わせさまざまな講中からの奉納があった。「大百味」「百味」の奉納とは、神仏に対しさまざまな珍味（百味）の供物を献じることをいう。実物の珍味もあろうが、金銭で代納することもしばしばあって、江島で行われていた天保期頃の百味講の相場は「大百味七両二分」「中百味三両三分」「小百味一両二分」であった（『浜のさざ波』）。

奉納者は検校、勾当《こうとう》、三味線仲間、常磐津連、楽器商など音曲界からの寄進が注目される。技芸の上達と江島弁財天の信仰が深く結びついていたことが知られよう。

このような奉納のあるなかで、岩本院がこの度の出開帳で最も期待していたのは江戸城で弁財天像を開帳することであった。閉帳日も近づいた十一月七日になって、ようやくその返事が

【表6】江戸出開帳と主な団体信奉者

月　日	講　中	奉　納	備　考
8月2日	新川新堀酒店講中	金札	
	富本連中	挑（桃）灯・金札	
8月9日	蠟燭問屋仲間	大百味	100人参詣
8月13日	糀町岡本連	大百味	20人参詣
	深川世話人	大百味	30人
8月20日	蠟燭問屋十一番組・北組・南組	大百味	63人
8月21日	福寿講	大百味	160人
	四ツ谷千葉玄昌中	百味	
8月22日	新川睦連中	大百味	25人
9月28日	千代田検校門弟中	琴曲奉納	
	二番組茶問屋仲間中	百味	
10月3日	芝神祭礼講参詣		
	最勝講中	百味	
10月7日	焼津勾当・関富勾当	琴曲奉納	
10月8日	油屋仲間	大百味	
10月11日	三浦備後守代参	小百味	
	中橋講中講元 西村石之助連	大百味	
10月15日	福寿講娘連	大百味	500人程
10月16日	小普請方成職講	大百味	
	三味線屋仲間	大百味	80人
10月21日	京屋九良兵衛中	百味	
10月22日	菊岡内匠	太鼓・鉦鼓・音楽奉納	
10月26日	山茂勾当	琴曲奉納	
10月27日	酒家中	大百味	100人
10月28日	大伝馬町冬木之講中	中百味	
	山村検校	琴曲奉納	
	佐伯出入講	神酒・徳利奉納	
11月2日	山崎宗安	小百味	
11月3日	新肴場連中	大百味	
11月6日	常盤（磐）津文字大夫連	大百味	
11月7日	御細工所連	大百味	
11月8日	深川末広講	大百味	
	福寿講	大百味	

安政3年「於深川八幡境内本宮八臂弁才天出開帳万控」より

届いた。今般の時節柄で差しつかえになったとの報であった。それでも大奥から初穂料三〇〇疋が届けられた。

しかし苦肉の刷り物を出してまで回復に努めた開帳は報われなかった。後日に三〇〇両の損失となっていたことが判明し安政度の出開帳は散々な結果となってしまったのである。

江島弁財天一行の帰路は十一月二十八日深川から奉納船で品川、その後陸路で川崎宿泊、保土ケ谷宿泊、藤沢宿泊で帰島した。

第四章　「江島詣」～道中と島内の巡覧

第一節　江島への道すがら

◇「江島詣」への誘い

「江島詣」は江島に祀られている弁財天を参拝する行為の総称であるが、のちに御存鈴ケ森として知られる歌舞伎「幡随長兵衛《ばんずいちょうべえ》精進俎板《しょうじんまないた》」では、白井権八の見事な立ち回りに幡随（院）

長兵衛がおもわず声をかけ「お若いの、待《ま》たつしゃりませ」に続けて「…遊山半分、江の島から片瀬へ参る道連れに…」(『世話狂言傑作集　第二巻』)との名台詞に、当時の江島詣のありかたがよく表れている。

江島参詣が盛んとなる時期は、島民が旅籠経営をはじめた慶安期頃からその兆しがみられるが、江島へ往来する参詣人に対し、島民や片瀬村百姓たちが勝手に「賃舟」を仕立てて坊中との争論になった天和～元禄期、さらには「負越」稼ぎが認められた宝永期頃からであろう。しかし「江島詣」というような語の定着はそれより後になる。

ところで、「○○詣」という語は、江島だけではなく、「榛名詣」「成田詣」「鹿島詣」「身延詣」「鎌倉詣」」「大山廻富士詣」、などと枚挙に暇ないほどである。主に大都市江戸から数泊を費やす地への案内本の表題で使われた。刊行年を見てみるとほぼ江戸時代後期以降に集中して見られる(『江戸の旅と出版文化』)。これらは「往来物」とも呼ばれ、手紙の形式にして江戸から各霊地へ誘う簡潔な文章による道中と名所案内で、寺子屋の教科書として活用されたともいわれる。

『江島詣』(神奈川県立金沢文庫所蔵)は江戸時代後期、滕耕徳筆、鶴屋喜右衛門(仙鶴堂江戸・通油町)により版行された。本書は刊行年を欠くが、仙鶴堂は文化期の前後頃に江島や鎌倉などの往来物を多数手掛けているので、この頃の刊行かと思われる。

江戸を出発してから芝明神を拝し、東海道を上りつつ名所・寺社、宿場などを紹介し、一路江島を目指す。江島へは藤沢宿から東海道を離れ左折し片瀬へ出て江島へといたるルートをとった。そして江島にいたって、霊所、古跡、名所などを簡潔な文章で紹介し、鎌倉、六浦、金沢への巡覧は後日を期すと結んでいる。

『浜のさざ波』は平亭銀鶏の撰で天保四年（一八三三）と天保十年の版が知られる。銀鶏は戯作者であるので『江島詣』とはやや趣が違うが、本書刊行の意図を「江の島へまうづる便にもなれかしとて、日本橋より筆を起し江の島までの道法《みちのり》を委《くわ》しくしるし」と凡例で述べているように、江戸から江島への道程を狂歌や古歌、谷文晁らの描く挿絵を交えつつも、江島の名所古跡と島内の案内に多く紙幅を割いている。また本書の刊行年が江島での開帳の年にあたっているので、本書は両度の開帳を意識した刊行であったように思う。このようなターゲットを明確にした出版物は各霊地へ赴く需要層の広がりにあったことに他ならないが、江戸より容易に参詣できる好個な地の周知とともにその定着化に繋がった。今風に言えば、「江島詣」はブランドを獲得したといえよう。

◇「江島道」と道標

東海道を離れ江島にいたる「江島道」はいくつかあった。江戸方面からでは、保土ヶ谷宿から金沢八景―鎌倉を経る道や戸塚宿から大船を経由する道などもあったが、各種出版物や「道中日記」などを見ると、東海道藤沢宿から分岐する「江島道」や同宿外れのやや上方面にある「車田」から分岐する「江島道」を案内するものが多い。この分岐道の二筋のうち藤沢宿からの道を一般に「江島道」といったようだ。

東海道を上り藤沢宿に入る直前の「道場坂」（遊行寺坂）を降って境川に架かる橋（大鋸橋《だいぎり》）を渡り左折すると江島弁財天の遥拝《ようはい》鳥居があった。この鳥居は、延享三年（一七四六）に江戸住の世話人や江戸講中らが建立の計画をたてたのが始まりで、のち文政六年（一八二三）に鋳替えられ明治期まで存在した。

「江島道」はこの鳥居をくぐり境川の右・左岸に沿って江島まで一里九町（約五キロ弱）の道のりである。また鳥居の傍に「道印」（道標）もあって、しばしば浮世絵にも描かれているように、この二つが江島参詣道の大きな目印になっていた。道標は弁財天への報賽のため杉山検校が建立したといわれ、各地にあった「江島道」に沿って四十八基（阿弥陀仏の四十八の誓願ヵ）あったというが、今は道路拡張や開発などにより残っているのは僅かになってしまった。いずれの道標石も高一二〇センチメートルほどの安山岩製の尖塔角柱型であり、弁財天の梵字とともに「ゑ能し満道」「一切衆生」「二世安楽」と彫られ同一規格であった。

こうした道標を頼りに江島道を進む参詣人は、石上（鵠沼村の字）あたりで境川の左岸に渡ることになる。渡川にいたる前までの道のりは桃が見事に咲いた風景が続いていたようだ。川を挟んで山裾までも桃が咲き、「美景数十丁」に及んで眺めつつ行けば、「桃園やすくなる道のもとり牛」と俳句の一捻りも出よう（天保六年「四親草《よしみぐさ》」）。四月初巳の日頃に江島を目指す人々の目を楽しませた隠れた名所であった。

渡川は舟を繋いで橋とした「舟橋」で越えた。石上・片瀬が村持ちで一人五文で渡していた（『浜のさざ波』）。

◇江島へ徒歩か渡船か負越か

片瀬から江島へは「砂州」（洲鼻）が発達していた。これも浮世絵によく描かれる情景で、江島入口の惣鳥居や遠く富士の雄姿を眺めつつ歩む参詣人はいよいよ霊地「江島」へ渡る心の高ぶりを感じたのではなかろうか。

砂州は海水の干満によって現れたり隠れたりするので参詣者はここで思案することになる。砂州が現れていれば徒歩《かち》渡りできるし、砂浜に落ちている桜貝などきれいな貝殻を拾いつつ歩くのも楽しい。だが、海水に覆われれば渡船か負越などで渡るしかないからだ。陸から江島入口まで一一町四〇間（約一二六〇メートル）ほどあった。

負越は、参詣者が片瀬から江島入口までの間の砂州が海水に覆われた際、人に背負われて渡ることである。東海道の大井川や酒匂川などの大河川にもこうした負越を稼ぎとする者たちがいた。江島渡海の負越は島民と片瀬村の者たちが携わった。

坊中の檀家となっている参詣者は坊中の出す送迎船を使えば原則無賃である。しかし坊中と関係のない参詣者は賃船か負越を使うことになる。もちろん負越は、前述のように島民と片瀬村の者が稼ぎとして公認されていたから無賃というわけにはいかない。参詣人が多くなれば、それを当て込んだ無法な稼ぎをする者たちもでてくる。島民・片瀬村の者が法外な稼ぎをしていることに対し、参詣者の妨害になるとして以前から坊中と争論を繰り返してきた。

寛政四年（一七九二）の参詣者の渡海に関して別当岩本院と片瀬村は次のような一札を取り交わした。きっかけは片瀬村の負越たちの不法な稼ぎである。負越たちは、定法の賃銭の他に過分の賃銭や酒手を要求し参詣人の迷惑が常態化しているさ中に、江戸本丸大奥の御代参とも知らずに、負越銭一〇文のところ五〇文を取り、加えて船へ代参者はじめ多数の人々を乗り込ませ水船にさせてしまった。それにもかかわらず、負越らは船中の参詣者を救助しないまま立ち退いてしまった事件であった。負越らの行為は大奥の不興を買いそこで改めて取り決めがで きたのである。

・四月朔日より八月晦日までの間、船までの負越銭片道七文、九月朔日より三月晦日までは一〇文、とすること。

・参詣人が勝手に越す場合は干渉しないこと。
・なるべく渡船を待ち、負越を差し控えるようにすること。
・汐干で船が出ない場合には、参詣人と相対で賃銭を決めるが、海水が膝下までならば一六文、それより汐の干満の状態により三〇文、腰上は七二文と定め、このほか一銭たりともねだることはない。
・風波で海上よろしくない時、参詣人が強いて渡海するような場合は差し押さえること。
などが決まった。

文化三年（一八〇六）江島参詣をはたした参詣者の「道中記」（神奈川県立歴史博物館所蔵）によれば、片瀬側舟場で小旗をたてれば、下之坊から馳走として迎船が来るというように聞いていたので、そのようにして渡海し勿論船賃は無料であったと記してある。同様な迎船は岩本院でも行っていた。

第二節　見所多き島内～絵図を片手に

◇一の鳥居を越えて

渡海して島に至れば一の鳥居（惣鳥居）が立つ。この鳥居の左側に「絵図屋」という屋号の家があった。屋号の通り島内の案内絵図をいくつか版行し頒布していた。文化五年(一八〇八)絵図屋善兵衛が「江嶋一望図」を発行したのもそのひとつだ。本図は木版墨刷り一枚ものであるが、島内を俯瞰して主な見どころを要領よく紹介しているので、これをもとにこの頃の江島巡覧の主な見所を地誌、滑稽本、道中記などから紹介しておこう。

新吉原連中などによる文政期再建の惣鳥居をくぐれば別世界が広がる。両側には旅籠屋、土産物などを商う店が立ち並び参詣客でごった返している。参道の左側に下之宮を司る下之坊が、少し行けば右側に江島弁財天の惣別当岩本院の構があった。

参詣者は宿泊先が決まっていればそれぞれの坊や旅籠に荷を預けて各社を巡拝することになる。日帰りの参拝であれば旅籠屋、商家などに荷を置き島内を徘徊するもよし、食事・休息するもよし。

岩本院はじめ坊中へ宿泊する参詣客は「坊入り」といって、いわば正式な参拝形態をとった。坊入りの人たちは願意を胸に、弁財天の尊前で僧侶による祈祷を受け、祈祷札やお守りを授与された。こうした儀礼を経た参詣客の宿泊所(宿坊)が岩本院はじめ各坊の本来の役割であったが、旅籠屋経営者などの島民が「御師」を兼帯するようになると直接これら旅籠屋に投宿する参詣者が増えた。御師を兼帯した旅籠屋は「裏茶屋」と呼ばれた。

参道の両側にいろいろな屋号を持った旅籠屋が立ち並んでいた。なかでも「橘屋」は海原を

上之宮
本地堂
開山堂
しゆろう
末よりわたりしせきひ
門楼
いなり
ごま堂
下之宮
十五童子
しゆろう
三重塔
杉山検校之墓
しめ引松
神宮十
神瘡疱
ずいじんもん
ふく石
百度塚
御供水
八大竜王
門王仁
岩本院
かま石
無熱池
嶋パう
下之坊
住吉
両かハとも茶屋町
寺方西
円可寺
延命寺
りやうし町
島天聖
鵜の嶋

「江嶋一望図」（絵図屋善兵衛版）　藤沢市文書館 ID112 文書 -No.3（原図作成　石塚勝　作図　市川勝典）をもとに改変

「風景江の嶋図会従岩本院不二眺望」　初代広重
藤沢市藤澤浮世絵館所蔵

見渡せる人気のあった宿。主人は御師兼帯で名主を勤め、蜀山人のつけた「煙波楼」を屋号としていた（天保九年「富士大山道中雑記」）。旅籠屋「えびす屋」の主人茂八も「十方庵遊歴雑記」（文化十一年成）を著した僧侶で俳人でもあった大浄敬順と親交があった。このように旅籠屋は江戸の文人たちとのさかんな交流から定宿として支持された。

◇岩本院の魅力

本宮の別当岩本院は島内での格式が高いため参詣者から宿泊先として好まれた。岩本院の部屋からの眺望のよさも人気のひとつであった。特に「富士見之間」（『広重武相名所旅絵日記』「江の島之部」などでの呼称）は、正面に富士山、前面の相模湾にポツンと浮かぶ姥島《うばしま》（烏帽子岩）、右に大山、左に箱根から伊豆天城連山を見渡せる眺望・絶佳を楽しめる最高の座敷であった。大奥や武家はじめ上流階級の者などがこの部屋を所望したのも無理はない。享保七年（一七二二）仁和寺宮守恕法親王が江戸から還御の時、弘化二年（一八四五）の済仁法親王も帰洛時に岩本院へ立ち寄り、佳景を愛でつつ御膳を召し上がった。もちろん一般の人たちもここからの景を楽しんだ。

浮世絵師初代広重はこの部屋に宿泊し佳景を「岩本院楼上」とし、また同所での楽しげな宴を「酒宴」としたスケッチに残している（『広重武相名所旅絵日記』）。蜀山人もここに泊まって「正面に江の島台の富士の嶺をささげ出たる岩本の院」と讃えた。

岩本院は歌舞伎の中でも重要な役割を果たし人々を引き付けた。河竹默阿弥作（文久二年江戸市村座で初演）の歌舞伎の演目「青《あお》砥《と》稿《ぞうし》花《はなの》紅《にしき》彩画《え》」、通称「白浪五人男」に登場の弁天小僧は自身の出自を「岩本院の稚児あがり、普段着なれし振袖から、髷も島田に由比ヶ浜…」（「稲瀬川の場」）と、また南郷力丸が「富士見の間から向こうに見る大磯小磯小田原かけ、生まれが漁夫に波の上…」（浜松屋の場）との台詞を唸った（『默阿弥名作選』）。歌舞伎を介して広がった「岩本院」の魅力であった。

◇江島詣と食膳

食膳も江島詣の魅力である。岩本院の献立は仁和寺宮御成の時に出された品々が記録からわかるが、これは格別な献立であったようで一般に供するものではなかった。岩本院での献立資料は残って無いので、先の「十方庵遊歴雑記」にえびす屋茂八亭で出された夕食時の献立を紹介しておこう。

（一の膳）

一　貝焼・あわび　汁・崩しとうふ　車ゑび　坪・赤ゑい　こくせう　山椒　焼物・中鯛　潮やき

二の膳

一　さしみ・鯛　うど短冊　すみそ　煮〆・あわび甘煮　椎茸　長芋　小串肴　すだれ麩　猪口・青なけし

三の膳

一　弐の汁・鱸《すずき》うしお仕立吸口柚　平・鱸つゝ切　蓮芋　初茸　中皿・鯛そぎ切　しらが大根　ぬたあへ

一　からの物・みそ漬　せうが　酒　吸物・すまし結びさより　しそのみちらし　砂鉢・鯛みそやき　小なすび甘煮

一　大丼・すずき葛溜　すりわさび　砂鉢・きす細引　三盃漬きくらげ　せうがせん　吸物・鯛あらうしほ　めうがせん

一の膳から三の膳までを味わった十方庵は飽きるほどの食事であったと記している。このような魚貝を中心とした江島ならではの膳が旅籠屋でも用意されたのである。

◇参拝は「下之宮」から

賑やかな参道を上っていくと「下之宮」（現：辺津宮《へつみや》）があるので参詣者はまずここを拝した。社殿に弘法大師作の八臂弁財天と良真作の蛇形の弁財天が祀ってあった（『風土記稿』）。狭い江島であるから島内巡りのコースは自ずと決まるが、なかには江島の三所（下之宮・上之宮・本宮）に弁財天の祀られているのを知らずに、下之宮と岩屋だけを参拝して帰ってしまう者もいたようで、巡拝のコースは「上之宮（ママ）」を先にしてから「下之宮（ママ）」「御旅所」を経て「岩屋」へと廻り、そこから散策しての帰路を推奨している（『浜のさざ波』）。

文化三年（一八〇六）に参詣した某の「道中記」に、まず下之坊へ着いて荷物を預け御堂（下之宮）へ参拝した処、特段に参詣の節は別当方の案内者が出て、御供を差し上げれば内陣にて拝することができるとある。参拝者に応じた細やかな受け入れ態勢ができていた様子である。

「下之宮」の周辺は見どころが多かった。先に見たように下之宮は杉山検校との所縁が深く、三層塔、護摩堂、墓所などとともに「福石」があった。検校が下之宮弁財天に参籠して結願の日に石につまずき、針を感得し、これより名声を得たというので、後世では賽人（参詣者）がこの石の傍らで物を拾えば福を得るという「福石」の伝えを生じていた。

この近くに「江島建寺碑」（「江島屏風石」）もあった。下之宮を創建した良真が宋国から持ち帰ったという伝承のある奇妙な石碑である。『風土記稿』などでもすでに落剝で文字が判読できない状態であったが、両所ともに奇物として多くの案内誌・道中記に記された見どころであった。この他にも「無熱池《むねつち》」「蝦蟆石」などの興味深い伝承地が散在する他、境内には、明治初年まで鐘楼（寛永十四年銘の梵鐘が掛る）や薬師堂、閻魔堂などの堂宇が建ち並んでいた。

◇上之宮から御旅所へ

島の中程に「上之宮」（現：中津宮）の社殿が建っていた。創建は慈覚大師で、社殿には慈覚大師作の弁財天坐像・蛇形の石像弁財天像、境内には、護摩堂、地蔵堂、鐘楼（宝永七年銘の梵鐘）などの堂宇、楼門には妙音弁財天が安置されていた（『風土記稿』）。この妙音弁財天が現在江島神社奉安殿に安置される裸弁財天であるとの伝えである。

道中記類にはここの紹介に多く及ぶことが無いが、「上之坊」から「上之宮」へ登って行くと眼下に視界が開け海上に三浦や房総が望める景地であった。

上之宮を拝してから、時宗の開祖一遍上人が「蓮華池」で称名を修したという「一遍上人成就水」の霊跡がある。その霊跡に続いて「仁田四郎抜穴」があるという注記が絵図に見える。その穴は「山ふたつ」という場所辺りにあったようだが、現在は消滅したのかよくわからない。二穴並んでいたので「二つやぐら」とも呼ばれていた（『風土記稿』）。

【コラム】仁田四郎抜穴

仁田四郎忠常は『吾妻鏡』に登場する武士で次のような記事が載っている。建仁三年（一二〇三）、源頼家は駿河国富士の狩倉に渡御した。この麓に穴があったので、頼家は重宝の剣を下賜して仁田四郎忠常の主従六人に探索を命じた。しかし暮れになっても一行は穴から帰らなかった。一昼夜を過ぎてやっと帰参した忠常は洞中の恐ろしい体験を語った。そこが実は浅間菩薩の御在所だったという話である。『吾妻鏡』の記事はここまでであるが、仁田の抜け出た穴がここ江島であったというのである。『風土記稿』などはこの話を付会の説だと断じているが、富士山と通じるという伝えの穴は、諸所に在って、当時の人たちにとって江島の仁田の穴も興味あるひとつであったようだ。因みに、橘樹郡芝生《しぼう》村（横浜市西区）にある「富士浅間社」も「人穴二所」があって同様な話を紹介している（『新編武蔵風土記稿』など）。

◇本宮御旅所と神体の移遷

その後は島山頂の本宮の「御旅所」を参拝する道順になる。御旅所は「本社」ともいい岩本院が管理していて、現在「奥津宮」の建つ場所に社殿があった。社頭《しやとう》の壮麗さは上・下之宮に勝っていたといい、求聞持堂、護摩堂、開山堂、鐘楼（寛永六年銘、梵鐘は現藤沢市慈眼寺所蔵）などの建物もあった（『風土記稿』）。

先に紹介したように、本宮の御旅所であるから、本宮（岩屋）から神体を遷して祭祀する仮宮であった。毎年四月初めの巳日からここに神宮を遷座して十月初めの亥日に還御する例祭を「二度の祭祀」と呼び、別当岩本院はじめ社僧・神人が供奉し、伶人たちが楽を奏して壮麗な行列をなした。この祭礼にあわせて近郷から「参詣の緇素群れをなせり」と、御旅所は江島弁財天の最も賑やかな祭事場になっていた。

大浄敬順の紀行「十方庵遊歴雑記」はこの祭礼の壮麗な行列のありさまを記している。ことに四月初めの巳の日は賑わしく、弁財天を乗せた神輿は、巳の刻に龍窟（本宮）を出発し、警備の青侍、榊の仕丁、白幣《しろぬさ》・獅子頭・唐櫃・神鏡・神宝・太刀・弓・玉・鍵など神具を捧げる者たちに楽人たちも加わって音楽を奏し、翳《さしば》をかざした社僧七人、別当三人に守護された行列で渡御したとある。そしてその行粧は古雅にして実にすばらしいと感想を記した。敬順をして近隣では見ることのない祭礼と映ったのである。

しかし、考えてみれば約半年の期間は本宮に神体(弁財天)が不在になる。敬順は「山上の宮(旅所）に尊像おわすを空房の穴中に入て拝礼するもおかし」と空になった本宮へ参詣する人々を軽笑しているように、この期間は本宮御旅所が岩屋弁財天の祭祀の中心的な場となっていた。

◇児　淵

御旅所を拝したあと歩を進めると眼下に切り立った岩に波涛迫る景色、漢詩の「碧潭如藍」という表現が相応しい。ここが「兒淵《ちごがふち》」（稚児が淵）である。近くには茶屋があって参詣客は休息しつつ海上見渡す景勝を楽しんだが、稚児の白菊と僧侶の自休がともに投身したという伝説にも思いを馳せたであろう。

この話は興味深い話であったようで『鎌倉志』が収録しているほか諸書にも見える。むかし鎌倉建長寺の広徳庵に自休蔵主《ぞうす》という僧がいた。奥州志信《しのぶ》の里の出身であった。自休は江島へ百日の参籠中に、折しも参詣していた鎌倉鶴岡の相承院の兒である白菊に邂逅し見染めた。自休は恋い慕う心情を文にて遣わすが一向に白菊からの返事が無い。白菊は詮方ない浮世をはかなみ江島へ行き、尋ねる人あらばと、「白菊としのぶの里のひと問はば思ひ入り江の島と答えよ」と「うき事を思ひ入江の島かげにすつる命は波の下草」との二首を扇子にしたため渡し守に託しこの淵に身を投げた。自休はこれを知って「白菊の花の情けの深き海にともに入江の島ぞうれしき」と詠じて海に身を投げたという。これが「兒淵」の由来伝説である。

◇歌舞伎「桜姫東文章」

稚児が淵の話は四代目鶴屋南北が「桜姫《さくらひめ》東文章《あずまぶんしょう》」として脚色し歌舞伎に仕立てた。歌舞伎のストーリーでは、衆道（男色）の関係にある長谷寺の僧清玄と相承院の稚児白菊丸が、互いの身の破滅と心中を決心して「稚児が淵」に来て、死後も忘れまいと香箱の蓋と身に互いの名を書いて取り交わし、念仏とともに絶海へ身を投げた。だが、身を投げたのは白菊丸だけ。立ちすくんだ清玄は飛び込むことが出来なかった……。これが演目発端の「江の島稚児が淵の場」である。

このあと物語は十七年後に転じ、両人（清玄と白菊丸の転生した桜姫）が再会しお家騒動などをない交ぜにしつつ話が二転、三転するので好評を博した。初演は文化十四年（一八一七）。南北の得意とした世話物の技巧もあってこの演目は文化期を代表する作品といわれる（『歌舞伎事典』）。江島弁財天は江戸の出開帳や江島での開帳が度々なされた。『武江年表』は江島での開帳を「江戸より参詣人多し」と人気ぶりを絶えず記すが、歌舞伎の上演も「稚児が淵」伝説を広めただろうし「江島詣」人気を少なからず煽ったにちがいない。

【コラム】江島と歌舞伎

技芸の上達にご利益が大きいとされる江島弁財天は歌舞伎にも関わりが深く、江島が舞台となるなど関連する演目はいくつもある。四代目鶴屋南北は「桜姫東文章」の他にも曽我物語に取材した「梅暦曙曽我」（文政三年初演）や「曽我中村穐取込《あきのとりこみ》」（文政九年初演）でも人気の高かった「稚児が淵」を登場させているし、「御存鈴ケ森（浮世柄比翼稲妻《うきよづかひよくのいなずま》）」（文政六年初演）でも台詞に江島を入れて

題名不詳（白浪五人男）　芳幾　藤沢市藤澤浮世絵館所蔵

いる。

河竹默阿弥の「白浪五人男」は今も人気の演目である。默阿弥は「難有御江戸景清《ありがたやめぐみのかげきよ》」（嘉永三年初演）にも岩屋の場を登場させた。島内には、歌舞伎関係者の奉納品が多い。中津宮（旧上之宮）参道には市村座と中村座奉納の石灯籠が今も残り、その横には平成十二年に七代目尾上菊五郎、五代目尾上菊之助の「江の島歌舞伎」手形モニュメントが設置されている。島内の老舗旅館「恵比寿屋」には七代目鳥居清忠が描いた五代目尾上菊五郎の弁天小僧の掛額があるという（『江の島と歌舞伎』）。

◇奉納品〜垣間見える信仰心

現在島内に散在する奉納品を見てみるとさまざまな寄進者からのものであったことがわかる。『藤沢市史　第一巻』（「金石文編」）から主な寄進物をあげてみよう。【表7】

江戸の諸商人、歌舞伎・芸能関係者（座元、能役者など）からの奉納が目立つ。また寄進者は個人より講中名を冠する

場所	建設年次	西暦	奉納品	銘・寄進者	備考
中津宮周辺	文政10年	1827	石灯籠	上之坊現住	上之宮開帳
	嘉永4年	1851	石灯籠	駿州江尻 青柳勾当（邦楽）	本宮開帳
奥津宮周辺	宝暦11年	1761	石狗	江戸青山講中	
	享和3年	1803	八方睨亀絵	抱一（酒井）製	
	文政9年	1826	石灯籠	武州多摩郡大百味講中	
	文政10年	1827	華表重修碑	江戸地掛蠟燭問屋	上之宮開帳
	文政10年	1827	石灯籠	城豊	上之宮開帳
	文政12年	1829	石常夜灯	野火止村他 大百味講	
	天保4年	1833	石常夜灯	八王子護摩講	下之宮・本宮開帳
	弘化3年	1846	石灯籠	武州多摩郡相原村青木勘次郎	
稚児が淵	文化6年	1809	竜灯松碑	深川新地五明楼（遊郭）	惣開帳

【表7】奉納品と寄進者（筆者注）

場所	建設年次	西暦	奉納品	銘・寄進者	備考
辺津宮周辺	元文6年（安永8年追銘）	1741（1779）	石灯籠	石坂講中	安永8年本宮開帳
	寛延2年	1749	浄水鉢	江戸麻布坂下町藤屋半七	惣開帳
	宝暦11年	1761	石灯籠	江戸白金台町相模屋	本宮開帳
	安永10年	1781	石狗	加賀町木地屋芝口島屋	
	寛政9年	1797	石灯籠	江戸小道具屋中	本宮開帳
	文化5年	1808	石灯籠	八町（丁） 堀百味講	
	文化5年	1808	石灯籠	木挽町 大伝馬アサクサ他	
	文化6年	1809	浄水鉢	芝口汐留吉野家要	惣開帳
	文化9年	1812	石灯籠	八町（丁） 堀百味講　薪問屋中	
	慶応元年	1865	石狗	江戸長堀（掘）検校（鍼灸術）	
中津宮周辺	元禄3年	1690	石浄水鉢	中西市兵衛喜澄	
	元禄10年	1697	石灯籠	江戸住喜多十太夫（能役者）	
	寛保3年	1743	石灯籠	講元森田屋	
	寛延4年	1751	石灯籠	江戸御蔵前・両国講中	
	宝暦13年	1763	石灯籠	江戸新肴町和泉屋	
	宝暦13年	1763	石狗	江戸麹町講中	
	安永6年	1777	石灯籠	江戸葺屋町市村座	
	天明2年	1782	石灯籠	江戸堺町中村座	

など同業者の組織的な行動であったこともわかる。斯界の繁昌に願意が込められた奉納品である。奉納年はまちまちだが弁財天の開帳年に合わせた奉納が目に付く。ここに照準をあわせた奉納となったのは、江島の開帳年が事前によく知られていたからこそ計画化が図られたのである。

寄進者の中で「百味講」についてふれておこう。

市村座奉納石灯籠　著者撮影

この講中は弁財天へ百味の供え物を献じるための組織だが、その派手な振舞は衆目を驚かせた。

『東海道中膝栗毛』に倣った十返舎一九の『滑稽江之島家土産』（以下『家土産』）は、文化六年～七年刊行の滑稽本。主人公「ねすけ」と「頓太郎」が江戸から江島参詣を果たす創作話ではあるが、当時の風俗などを写していて興味深い。その中に、百味講中にふれた部分がある。「対の手拭に鉢巻したるは百味講の勇連」というような道中姿、宿場では百味講の客が五組もあって目的の旅籠屋に宿泊を断られ、江島に到れば百味講の練り物が出るといい群集する人々や「バカ太鼓」の音の喧《かまびす》しさ、さらに百味講の連中は、伊勢参宮の「太々神楽」奉納と同じように「撒銭」をするのが通例で、これを目当てに社前は人々の雲集となった様子などを活写している。賑やかな百味講の一行はどこでも人目を引いたようで、百味講中のパフォーマンスは「江島詣」の表徴といってよい。

◇本宮岩屋めぐり

江島の周囲には洞窟が多かった。島の隆起、海水の侵食などにより形成されたが、崩落などで消滅した洞窟も少なくない。『風土記稿』に島の周りには「十二窟」が散在していたといい、弁財天の守護十二神の鎮座の地だという伝えを記しているほどだ。

「兒淵」を経て奇岩・怪石の険路を下って行けば波打ち際に窟口の大きな洞窟がある。本宮岩屋である。この洞窟が江島縁起にいう弁財天女が初めて垂迹した場所だといい、役行者、泰澄、弘法大師などの参籠した島内きっての霊跡である。

下之宮・上之宮・本宮旅所等平面立面図（本宮岩屋社殿図の部分）　藤沢市文書館寄託岩本院文書

「江島詣」の目的である岩屋（本宮）の洞窟へと参詣人は歩を進める。

『風土記稿』によると、窟口の高さ七間あり、ここからしばらく入ると檀上に「神祠」（宮殿）があった。ここには弘法作の弁財天像が祀られていた。

さらに奥へと進むと二筋に分岐して穴が続いてい

て、それぞれ「金剛の穴」と「胎蔵の穴」と称していた。窟内には「弘法大師作の両部大日像」「弘法の加持水」「蛇形池」「日蓮趺座石」や石像など見どころが多い。窟中は暗く参詣人は案内人の掲げる松明など乏しい明りに従って巡拝した。窟の入り口には番人がいて山役銭十二銅を取っていた（『家土産』）。

窟中は常に波涛で洗われた。特に八月頃に大浪が寄せて窟奥までに達することもしばしば。この波を「掃除浪」といったようで、窟中が清浄なのはこのためであるというような話が伝わっている。しかし、このような海水の侵入が窟中の弁財天像などを毀損し、この難を逃れるため、山上に旅所の社殿を造営した必然性も頷ける。

先にも見たが、岩屋本尊の弁財天像が旅所に移遷された後は本尊不在の空窟になっている時もある。しかし「江島詣」の眼目はこの洞窟への参拝にあったため、多くの人々は入窟し参拝を楽しんだ。岩屋周辺は景色もよく縁起などに登場する「三天」（三つに裂けた岩上に梵天・帝釈天・四天王が在って参詣者を護るという）や「龍池」「白龍窟」などの霊地もあり、遊興とともにひとしお人気のある場所であった。

第五章　「江島詣」と浮世絵 ～浮世絵を読む

第一節　江島と浮世絵

◇多刊の「江の島浮世絵」

「江島」を題材にした漢詩・俳句・川柳・紀行文・戯曲などの文芸作品や音曲とともに絵画作品は甚だ多く、なかでも浮世絵は群を抜いて多い。

江島を取り込んだ肉筆画や浮世絵版画は確認できるだけでも二五〇点を超えるといい、このうち版画作品が約九五パーセントを占める（『江の島浮世絵』）。江島を題材にした浮世絵版画数は「富士山」を描いた作品数に次いで多いといわれるように、江島は浮世絵出版界にとって格好の素材であった。

ここでは浮世絵版画に限り、描かれた場面から「江島詣」との関係や様相を窺ってみよう。

なお「江の島浮世絵」とは、江島を主題ならびに背景とし、あるいは江島を連想させる絵を含めこれを一群として規定し、研究対象となっているので本書もこれに従った。

◇絵師と版行期

絵師は、鳥居清長、喜多川歌麿（初代・二代）、歌川広重（初代〜三代）、葛飾北斎、勝川春好（二代）、魚屋《ととや》北渓、柳々居辰斎、北尾重政、菊川英山、渓斎英泉、歌川豊国（初代〜三代）、歌川国芳、橋本（歌川）貞秀、月岡芳年など、当代売れっ子の浮世絵師たちが筆を競った。絵師の作品で最も多いのは初代広重であり、広重は江島へ何度か取材に来ていて五一点の作品が確認されている。次いで葛飾北斎が二一点、三代歌川豊国が一六点と続く（『江の島浮世絵』）。

版行の時期について見ておこう。「江の島浮世絵」の版行期のほぼ特定できる作品とその数量を表示した（『近世仏教と勧化』）。【表8】

版行は天明・寛政期頃から見え、特に文化期頃から作品の急増を示し、幕末・明治期まで続いている。作品数の急増が文化期以降にある傾向は何を物語るのであろうか。理由は、浮世絵界の潮流、技術面の向上、文化面などさまざまな動向などと連動していたと考えられるが、江島弁財天開帳の定着化やその隆盛と無関係ではない。

例えば、十返舎一九の『家土産』は文化六年（一八〇九）に初編が刊行された。本書は、一九の序文・附言に、「巌本院」に歩みを運ぶ者の多い昨今だが「今年は猶つちのとの巳（己巳）

にあたり弁才天の開帳とて」と開帳に併せた企画であり、「今江之島開帳の満ざるうちに発行せんことを欲して先初編一冊をいだし」たとの発刊理由を述べる。文化六己巳年は江島三社の惣開帳の行われる年にあたり、言うまでもなくこれに当て込んでの出版物であった。

【表8】「江の島浮世絵」の版行期と開帳年

時　期	出版種数	開帳年	備　考
天明期（1781～1789）	4	天明5年	
寛政期（1789～1801）	9	寛政3・9年	享和期も含む
享和期（1801～1804）	3	享和3年	
文化期（1804～1818）	20	文化6・12年	
文政期（1818～1830）	11	文政4・10年	
天保期（1830～1844）	33	天保4・10年	
弘化期（1844～1848）	8	弘化2年	嘉永期も含む
嘉永期（1848～1854）	11	嘉永4年	
安政期（1854～1860）	11	安政3・4年	3年は出開帳
万延期（1860～1861）	2		
文久期（1861～1864）	6		
元治期（1864～1865）	1		
慶応期（1865～1868）	2		
明治期（1868～　）	5	明治2・8年	
計	126		

『近世仏教と勧化』の表をもとに作成。

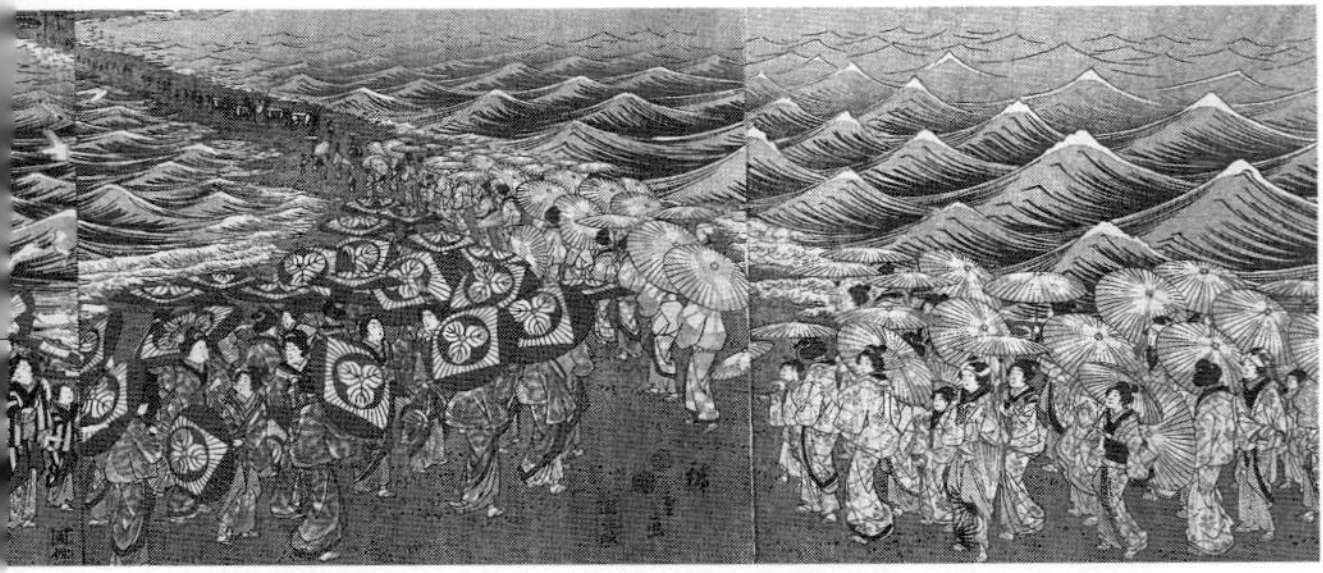

「相州江之嶋弁才天開帳参詣群集之図」（部分）　初代広重
藤沢市藤澤浮世絵館所蔵

文化六年版行の「江の島浮世絵」に限ってみると「新版浮画江之嶌金亀山之遠景」（歌川国直）、「相州江ノ嶋弁才天上下ノ宮己巳年御開帳繁栄之全図」（作者不詳）などは、まさしくこの年の江島弁財天惣開帳に併せ作品化されたものだ。また、「相州江之嶋岩屋之図」（初代広重・天保四年カ）、「相州江の嶋弁才天開帳詣本宮岩屋の図」（初代広重・弘化四年～嘉永五年刊）は、それぞれ天保四年（一八三三）下之宮弁財天の開帳、嘉永四年（一八五一）岩屋弁財天の開帳の行われた年にあたっているので、これらを意識した刊行と見られよう。

いっぽう参詣記念的出版の強い浮世絵もあった。初代広重「相州江之嶋弁才天開帳参詣群集之図」（図題）は大錦縦三枚続の絵である。刊行年は弘化四年～嘉永五年刊と推定されているが、図題と刊行年から開帳年を探れば嘉永四年の本宮開帳に限定される。絵はそれぞれ揃いの浴衣に日傘を持った四組の人たちの一群を描く。日傘の紋様が「三本杵」（長唄杵屋）、

「菱に三つ柏」（清元節）、「角木瓜《かくもつこう》」（常磐津節）、「桜草」（富本節）であるのも、版行化の意図が読み取れる。恐らく嘉永四年の本宮開帳時に江島参詣を果たした一行の記念的な意図で作成されたと思われる。とすれば、作成依頼者、あるいは購入者はこれら音曲にかかわる人たちであろう。技芸上達と江島弁財天への信仰の結びつきの深さが窺える作品でもあるが、弁財天の開帳と出版事情は関連しあっていたと看てとれる。

【コラム】江島と音曲

江島縁起に取材した音曲の作品は多い。古くは江島の湧出や弁財天と五頭龍との縁起を基にした謡曲「江島」をはじめ、河東節（「江の島」）、常磐津（「巳待貝屏風」「巌の寿」）、長唄（「江島」「新江の島」）、一中節（「墨絵の島台」）、箏曲（「江の島」）などが知られている（「江の島と音曲」、『鎌倉考』）。

現在島内には、中津宮境内に、謡曲史跡保存会による「謡曲「江島」と弁才天」の立札、奥津宮の境内には箏曲「江の島」の作者で山田流箏曲の開祖山田検校（一七五七〜一八一七）の銅像、山田流箏曲の家元寄進による辺津宮手前の朱の鳥居などがある。今日でも斯界からの支持者が多いのは江島弁財天信仰が継承されている一端を示していよう。

第二節　「江の島浮世絵」にみる江島詣

◇藤沢宿と江島・大山参詣

初代広重「東海道五拾三次之内　藤沢」（天保年間版）は保永堂版で有名な東海道傑作シリーズ作品のひとつ。東海道藤沢宿と境川に架かる橋の場面である。上段に見える建物群は江島（遊行寺ヵ）の諸堂社、川岸の鳥居は江島弁財天の遥拝鳥居。この鳥居をくぐって行く道が「江島道」である。杖を携えて鳥居をくぐらんとしているのは目に障害を持つ人々である。杉山検校が江島弁財天に信仰を寄せたことは既に述べたが、その後もそうした人々の間で信仰が引き継がれた。江島弁財天信仰の一側面を象徴した絵である。

いっぽう橋上で大きな「太刀」を担ぐ人は「大山詣」の男たちであると判る。男たちだけで大山石尊社に「木太刀」を奉納する風習があったからである。

この絵を一瞥した人は描かれた人物や持ち物からたちまち参詣先を了解したにちがいない。だが、この場面から凡そ何月ごろを描いた情景であるかがわかる。

江島の参詣時期は、毎年四月初めの巳の日から十月初めの亥の日まで約半年間、山上の御旅所（本社）に岩屋弁財天像を移遷しての祭祀が定着していた。また各社の六年ごとの開帳があるとすれば春先から一〇〇日間程度を限ることが多く、この間の参詣が望ましいことになろう。

「東海道五拾三次之内　藤沢」初代広重　(部分) 木太刀を担ぐ男〈中央上〉と杖を携えた目に障害を持つ人たち〈下〉　藤沢市藤澤浮世絵館所蔵

だが、大山の例祭は、六月二十七日より七月十七日までの約二〇日間ほどであり、この期間中にのみ大山山頂への登拝が許された。もっとも祭礼中でも女人の登拝は禁止されていた。したがって、「江島詣」と「大山詣」の最盛期と重なるこの期間がこの浮世絵の情景だと知れる。

藤沢宿が、「江島詣」と「大山詣」の東海道からの分岐点でもあるので、実に賑わいを見せた時期の一場面である。

「相州江之嶋岩屋之図」　初代広重　（部分右）「魚板石」に敷物をして遊ぶ人々　（部分左）銭を海中に投げる遊客　藤沢市藤澤浮世絵館所蔵

◇磯辺の楽しみと「海女」

初代広重「相州江之嶋岩屋之図」（天保四年ヵ・川長版）は「岩屋」（本宮）を強調して描いている。岩屋前の平らな岩上に敷物をして遥かに遠方を見渡して遊ぶ人々がいる。ここを「魚板《まないた》（魚俎）石」といった。眺望すれば「豆駿房総の巒嶽《らんがく》眼前」で、島内で風光最高の場であると『風土記稿』は評している。またこのあたりの磯辺にて、子供らに命じてアワビを捕らせ、銭を海中に投げて拾わせるのが遊客の楽しみであったようで、この浮世絵もこのような子供たちと遊客との仕草を描いている。

「江の島浮世絵」ではこうした子供たちが魚貝を捕る姿がしばしば登場するが、とくにアワビ捕りを描くことが多く、江島の名産であることをほのめかしていよう。

アワビ捕りは江島での欠かせない遊興であった。初代・二代の歌麿がともにアワビ捕りの作品を残している。二代歌麿の「諸国名所風景　相州江ノ島漁船」（文化頃版）は三人の女性が「海女」としてアワビを捕っている場面である。海女は腰巻をつける半裸の美人で海中に泳ぐ。なんとも艶めかしい姿態である。しかし海女が口にするアワビの剥き道具はどう見ても大工用の「鑿《のみ》」に見えるので写実性はない。

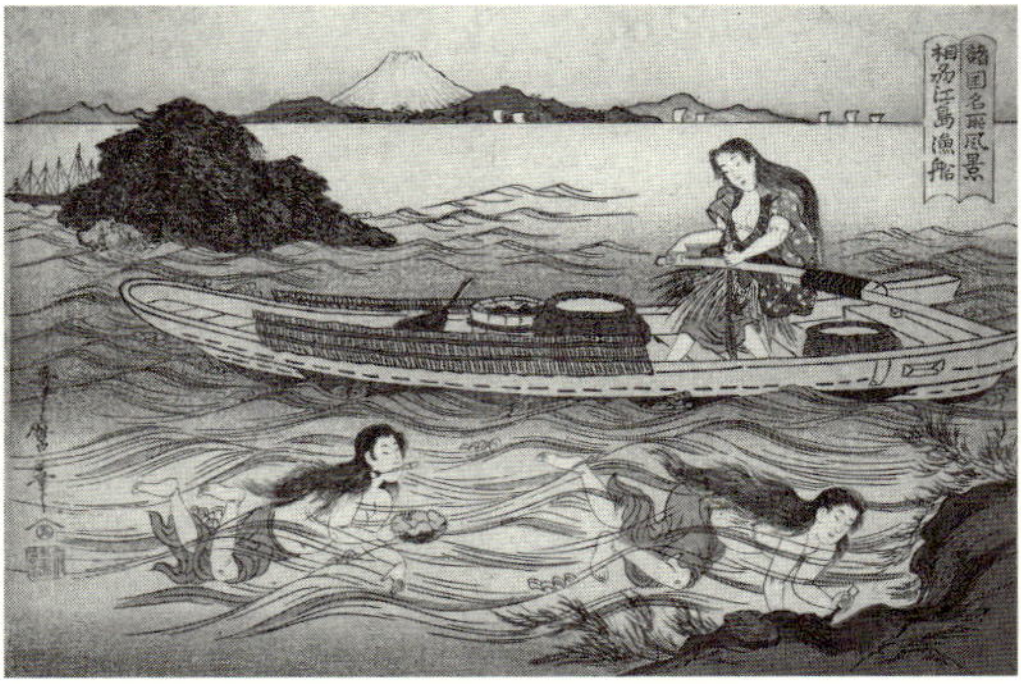

「諸国名所風景　相州江ノ島漁船」　二代歌麿
藤沢市藤澤浮世絵館所蔵

『家土産』のなかで「ねすけ」と「頓太郎」が島内見物の途中で「鮑《あわび》(蚫)」を持った男に出合いどこで捕ったかと訊ねる場面がある。男はあそこに居る「アマ」に捕らせたといい、銭さえ払えばすぐにでも捕ってくるという返答。そこで両人近くの岩上にいる日焼けした男たちに「アマ」の居場所を尋ねるが、男たちは自分たちがアワビ捕りの「海士」だというので、両人は「アマ」は美しく「緋ぢりめんの褌《ふんどし》をしている」のが本来の姿だと……、勝手な妄想に気付きがっかり……。両人の早合点も無理はないかも知れない。「江の島浮世絵」のアワビ捕り図は美しい「海女」ばかりを登場させている。そのような浮世絵から江島参詣を促された男たちがいたとしても不思議ではない。

なお、江島のアワビ捕りを「海女」の漁猟とした近世の資料は無く、伝統的にも海女はいなかったといわれている。

◇女性に人気の参詣スポット「江島」

「江の島浮世絵」は女性の描かれる場面が多い。一般的に浮世絵は女性を描くことに主流があったが、それにしても女性を登場させることが甚だ多いようだ。

江戸川柳『誹風 柳多留』に「江の島を見てきた娘自慢をし」という句がある。「江島」が娘でさえ行ける場所であったことを窺えるが、女性たちの人気スポットであったのであろう。大奥の女中衆の参詣もたびたびあった。岩本院の「御祈祷帳」にも「女連」で宿泊したとの記録や参詣記類にもその記述がある。先に見た浮世絵にも音曲界の女性たちばかりでの参詣の姿も描かれている。

再三紹介した十返舎一九の『家土産』は創作上の話であり誇張された部分もあろう。しかし、あまりに世間と隔絶した世界を書いている訳ではなく、当時の常識的な事柄を含んでいると思われるが、女性たちが主導しての参詣と遭遇した場面がある。

件の両人が茶屋で休んでいる傍らに、いかにも相応の所のご家内と見受けるご一行。女主人を中心にして、娘や使用人の女性たちに丁稚らを連れて酒盛りをしている場に出くわしたご両人、しかしいつもの如くの失態で酒・肴を御馳走になり損ねたという話である。このような女性を中心とした「江島詣」はごく普通に見られたのだろう。

女性にとって「大山詣」が山頂への入山を「女人禁制」とされていた時代、「江島詣」は女性にも公然と開放された世界であった。大山登拝が険しい山岳をよじ登る信仰に対し、江島はそのような苦行がない。大山が大きな木太刀を力強く担ぎ上げる山岳的な男性世界であるとすれば、江島は穏やかで海浜的な女性世界といってよいだろう。しかも江島は新鮮で豊富な魚介を味わい、風景を愛でることもできた。そして、加えればもうひとつ女性に人気であった理由があろうかと思う。それは島内に「遊婦」を置かなかったことだ。つまり江島は「霊地」だという意識が未だ残っていたからである。『浜のさざ波』には「此地は古今霊地なれば、出女の類はさら也、芸者めきたるものも堅く禁制也、いととふときことにあらずや」と、男性社会の他の盛り場とは違う様子に感心している。こうした江島の雰囲気が女性たちの好感を得ていたのかも知れない。

「江之島の風景」　二代歌麿　藤沢市藤澤浮世絵館所蔵

◇牛に乗ってみる絶景

七里ヶ浜から江島を望み、その後ろに箱根・伊豆の連山と富士山を配する景はまさに絵になる。今日でも人々を引き付ける人気の景観スポットである。「江の島浮世絵」でもこの構図が好まれたようで浮世絵師たちは多くの作品を残した。七里ヶ浜からの遠景には「牛」に乗った女性がしばしば主題となって描かれている。

二代歌麿の「江之島の風景」（文化頃版）は牛に乗った女性とその一行が江島を目指している場面である。

「牛にひかれて善光寺」で有名な「善光寺参り」に「牛」が重要な役割を果たしているが、江島参詣と「牛」の関係はどこにあるのだろうか。

「江島詣」と「牛」の縁起譚や信仰的な由緒の関係は全くない。七里ヶ浜では牛が乗り物として実際に供されていたのでその実景を描いたのである。

七里ヶ浜は稲村ヶ崎より腰越まで海浜の七里をいう。関東道で「七里」とは一里六町をもって計算するとされるので、四二町（実測値ではない）ほどの砂浜が続いた。砂浜は歩行者にとって難儀であった。「この所、牛に乗ってよし」としばしば道中記類に記されているように、歩行にはやや厄介な砂浜であったようだ。このため江島参詣者相手に「牛」の背に乗せる稼ぎが生じたのも無理はない。

牛の稼ぎを行うためには牛を飼育する者たちがこの近辺に居たはずだ。ちなみに極楽寺村の明和五年（一七六八）の記録では、村内に「牛九疋」「馬三疋」がいたとある（『鎌倉近世史料』）。その後も牛は少数ながら飼い続けられているので、江島参詣客を相手した稼ぎが成立していたようだ。もっとも牛ばかりでなく馬も供されていたがここでは「牛」が珍重された。

七里ヶ浜を行き来する者は「砂道を牛でゆたりゆたりと虫のはう」（『家土産』）如く歩み、貝殻をひろいつつ、風景を味わいつつ進むのが楽しみであった。

◇江島土産

初代喜多川歌麿「風流四季の遊　弥生の江之島詣」（享和頃版）は商家の女性と思われる人物が従者の若衆を連れての江島詣を描いている。時期は弥生であるから、海浜に初夏の近づく

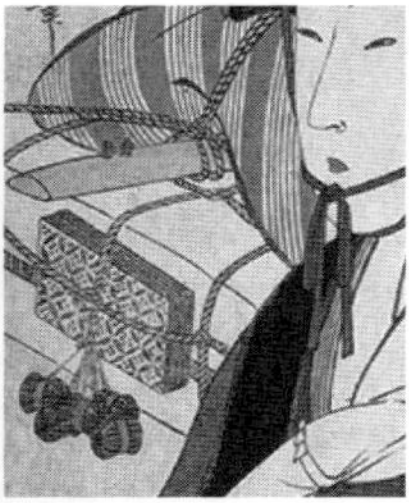

「風流四季の遊　弥生の江之島詣」　初代歌麿（部分）荷物に括りつけられた貝屛風　藤沢市藤澤浮世絵館所蔵

気配漂う江島の最も心地よい気候の頃である。女性は菅笠・黒襟の外套着・手甲の装い、若衆は天秤棒に荷物を担いでいる旅姿であるので、宿泊をともなう旅であったようだ。

注目したいのは若衆の天秤棒の先にある荷物に括りつけられた小さな箱状の品物。これは「貝屛風」である。貝屛風は貝を切り分けて富士山や草花などの形に作った貝細工で、「鮑の粕漬」とともに江島土産物の代表的なものであった。天秤に貝屛風とあれば江島詣を終えた帰路の場面であろう。

鮑の粕漬も江島土産で人気の商品であった。この粕漬については「東武より死貝を粕に漬こみ、当処へ運送するを、武城の人調えて土産するもおかし、粕漬求むべからず」と、どこで風評を聞いたのか辛口の評もあった（「十方庵遊歴雑記」）が、江戸城大奥へ献上されることもしばしばで、女中衆から岩本院に宛てた礼状がたくさん残っている。

江島の土産品は、鮑粕漬、貝屛風をはじめ、ひじきの袋入、はば海苔、うみわた（海綿）、モズクなど海産物や、もみじ貝、すみ貝、千鳥貝、ひげ貝、とこ貝、てんま貝、ほら貝、鍾馗《しょうき》貝、桜貝など江島で採れるさまざまな貝類も適していた。

「見ぬ人の ためぞたもとに さくら貝」（『浜のさざ波』）。江島で拾った桜貝の一片こそなによりの土産であった。

◇福財の島〜江島のイメージ

落合芳幾の「福神江の嶋もうで」（幕末〜明治初期）はなんともふくよかな福の神二人を描いた。江島の背後から昇る朝日、馬に千両箱を乗せて、地面には小判を散らしての「江島詣」を描いた。福財をもたらす江島の御利益そのものの絵である。

「福神江の嶋もうで」　芳幾　藤沢市藤澤浮世絵館所蔵

　弁財天は七福神のひとりに数えられるように「福財」をもたらす信仰は古くからあった。

　先に紹介した十返舎一九の『滑稽江之島家土産』は文化六年（一八〇九）の刊行であったが、その序文の刊記の日付は「文化つちのとの巳なる金あつまる吉日」と本書の売れ行きを期しての洒落た表記になっている。「己巳」は十干と十二支を組み合わせてそもそも日や年の表記で利用された。いっぽう暦注で、七曜の（日月火水木金土）、十二直の（建・除・…成…）から、十二支の「巳」と十二直の「成」、さらに七曜の「金」が重なる日が「巳成金」だという説明が巷間に流布していた。東京・上野不忍池の弁財天社では「巳成金」の日に金・銀・銭などを紙に包んでおけば富むという故事による大祭を行っているのもこの所以である。

こういう日はなかなか巡ってこないなんとも目出度い日。まさしく「実（みに）成金（なるかね）」と理解され、一九もあやかっての発行日と洒落たのである。

弁財天は「巳」の化身だという俗信があり一般的に「巳」を縁日にしているところが多い。江島弁財天も同様に巳の日が縁日であり、本宮の旅所への移遷日、開帳などもこの日時に併せ行われた。「巳の年」「巳の日」に参詣すれば財産が増えるという信仰がもてはやされたわけである。

この浮世絵はこのような江島弁財天のご利益を象徴的に表現した作品といえよう。古くは「弁才天」と表記されていた尊像が、福神としての信仰が盛んになるに従い「弁財天」と財福を象徴するように表記されていったのも故なしとはしない。

第Ⅴ部　明治維新とその後の江島

「江の島図」　高橋由一　神奈川県立近代美術館所蔵

第一章　江島弁財天と神仏分離

第一節　別当僧侶の還俗

◇明治維新を迎えた江島

江戸幕府の瓦解と明治新政府の樹立は「江島」に大きな変化を与えた。とくに岩本院をはじめ三坊が中心となり弁財天の祭祀を執り行って来た秩序・体制が根底から変わっていった。旧江戸幕府の軍勢力を制圧のために設置された東征大総督兼新政府の総裁有栖川宮熾仁《ありすがわのみやたるひと》親王は江戸へと向かった。その指揮下にあった東海道鎮撫使の橋本実梁《さねやな》が、慶応四年（一八六八）三月二十八日に鎌倉鶴岡の荘厳院へ入陣し晦日に出立した。その後四月四日に荘厳院へ集会するよう岩本院宛に廻状が届いた。当日岩本院は病気であったので代理人を遣わしたが、この時いわゆる「五箇条の御誓文」「農商布告」「御宸翰《ごしんかん》」「五榜《ごぼう》の掲示」など新政府の政治方針を伝達され、これらに心得違いのなきように命じられたのである。

これが江島と明治新政府が接触をする初めての出来事であったのかも知れないが、この直前の三月十三日に、祭政一致、神祇官再興、全国の神社・神職の神祇官に附属とすべき布告がすでに出されていた。以降、新政府の行うさまざまな神仏の分離政策が矢継早に通告され、三月十七日には諸国大小の神社において別当などと称し僧形にある者の復飾（還俗）を、二十八日には神社にある仏教的な器物の「取除」を、さらに閏四月四日には還俗の者たちの「神主」「社人」として神勤を命じるなどであった（『宗教制度調査資料　第二巻』）。こうした新政府の方針を受け江島三坊はその対応に追われていった。

◇三坊の僧侶と御師たち

慶応四年八月になって、江島の惣別当の岩本院が鎮将府伝達所に次のような嘆願書を出した。この嘆願書の文頭に「江嶋神社惣別当岩本院奉申上候」とあって、すでに「江嶋神社」としての立場であることを表明している。続けて、岩本院はこの度の「朝政御復古・旧幣御一洗」により仏教の教えを廃止になられて、別当・社僧などの称号を持つ者の復飾を仰せ出された趣旨に従い、速やかに復飾して「皇国の古道を以て至誠神祇に奉仕致し、御国恩を奉報度」と考えているので、復飾後の姓名を「岩本将監《しょうげん》」と改名したいと歎願した。また、同月に岩本将監（本宮別当）・壬生《みぶ》大膳（上之坊）・北条主殿（下之坊）の三名が同じ鎮将府伝達所に伺い書を提出した。それは、当島の三社の祭祀は今まで仏法を以て修行してきたが、神号に改めたうえは神道にて神事を勤めるべきなので、これまで御師職で勤めていた二〇人を社家《しやけ》に取り立てて、祭礼などに神勤させたいとの伺い書であった。

嘆願書や伺い書は承認され、別当岩本院、上之坊、下之坊は称号を廃止し、江島神社に奉職する身となり、島民御師として活動した御師二〇名も社家という形で神勤することになった。とはいえ、旧三坊が「江島神社」の下で、本宮神主、上之宮神主、下之宮神主として旧御師の社家たちを掌握する形に移行しただけで、旧幕時代と変わりのない運営がしばらく続いた。

明治三年（一八七〇）には、「江島大明神三社」の「神主職」として岩本亮恭、壬生康延、北条寛光の三名が正式に就任した。この時に「江島大明神」との社名が正式に承認されたことになる。また、明治四年には社家に取り立てられた者のうち一一名（二〇名より減じた）が、他所へ出た時に職名が無いため支障を生じるとして、「祝職《はふり》」の職名を希望する歎願書を岩本将監、壬生右近、北条主殿の三者に宛てて出しているのも、旧幕時代の島内秩序システムがしばらく温存されたと見てよいだろう。だが、社家に取り立てられた者二〇名のうち、「祝職」を望んだのが一一名と半減していた。弁財天の配札などを行う御師としての生計にはやくも見切りをつけたのではなかろうか。

同四年には本宮領はじめ、上之宮領・下之宮領で江戸将軍家より下賜されていた朱印地の一部が上知《あげち》（没収）となって三社の神主たちは経済的な打撃も受けた。新政府の宗教政策が弁財天祭祀を中心にしてきた島内の人々の暮らし方に大きな影響をあたえていくことになったのである。

◇弁財天像の行方

明治新政府の神仏分離政策は、神社において僧形で神に奉仕することの禁止と神社境内に所在する仏教的な品々を「取除」き「神と仏を分ける」（神仏判然）ことに本旨があった。ところが、仏教的色彩の強い品々は「取除」を超え「廃仏毀釈」の運動となって全国に吹き荒れた。江島周辺の例で見れば、鎌倉鶴岡八幡宮、大山阿夫利神社、箱根権現神社などは、神仏習合の世界であったため、これらが新政府の神仏分離の対象となり、仏教的色彩の強い建物・品々のほとんどが破棄・放出され、各々の境内から仏教色が一掃された。江島も弁財天を祀る「神宮」でありながら、護摩堂、観音堂、地蔵堂、経蔵、梵鐘なども併存するというまさしく神仏の混然とした世界で、別当僧による祭祀が行われていた。

江島の神仏分離はその実態がよくわからない。『風土記稿』などに書上げられている、三社・三坊の建物や什宝類の大半の行方が知れないのが現状であるので、神仏分離に際しほとんどの仏教的品々が消滅や流出したのだと思われる。

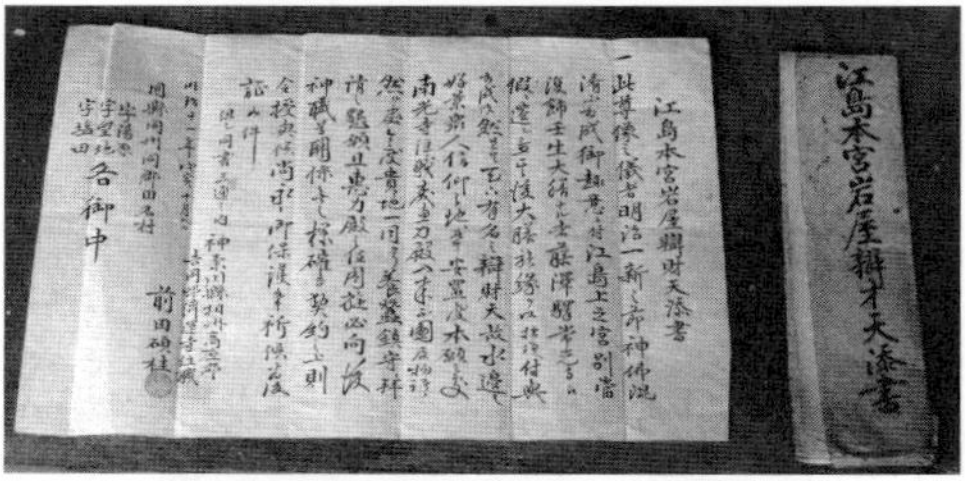

江島本宮岩屋弁才天添書　相模原市立博物館提供

木造弁才天坐像（望地弁天堂）
相模原市立博物館提供

江島での信仰の象徴であった弁財天像はどのように神仏分離を迎えたのであろうか。弁財天は仏教色の強い尊像であった。三社には各伝来の弁財天像が祀られ、これらの尊像の信仰を通してこそ江島の存立があったのだが、ここに新政府の政策に応じ三女神を三社に新たに配祀したわけであるから、江島での弁財天像は境内から放出あるいは破却される運命にあったに違いない。しかしこの難から逃れ得た弁財天像がいくつかあった。現在の江島神社辺津宮の奉安殿に安置される「妙音弁財天坐像」（旧上之宮所蔵カ）、「八臂弁財天坐像」は江島各所より引き継いだ尊像であるとされ、岩本楼の「八臂弁財天坐像」（旧本宮安置カ）なども残されているところをみると、長年信仰してきた弁財天像を安易に島外へ放棄することは無かったのである。

いっぽう島内から離れた弁財天像もあった。

現在相模原市田名の望地《もうち》弁天堂に祀られている八臂弁財天（木造弁才天）坐像は、上之宮に祀られてあった尊像のようにも思われるが、正確な旧蔵先がよくわからない像である。しかし、確かに江島から離れた尊像であることに間違いなく、その経緯も資料によってわかる。

神仏判然の令を受けて元上之宮の別当で復飾した壬生大膳が藤沢宿の常光寺（浄土宗）に弁財天像を遷し置いてあった。像はその後常光寺を離れ大膳の族縁で吉岡村（綾瀬市）の済運寺（臨済宗）に預けられたが、当住職は本来弁財天が水辺に奉祀されるべきとの思いから適地を求めていた処、田名村望地（相模原市）で「養蚕」の鎮守として奉請したとの懇願にまかせ同地へ奉譲したというのである。明治十一年（一八七八）のできごとであったと尊像に添えられた文書に見える。

弁財天の功徳を説いた偽経「弁天五部経」には弁財天に従う十五童子のひとりに養蚕器を持った「養蚕童子」があって養蚕守護の神として信仰された。また弁財天は「巳」と同じと解され、巳ならば蚕の敵であるネズミを退治できるとの俗信などもあって、こうした弁財天のはば広い信仰が地域社会に受け入れられていた。おりしも相模原地域では養蚕業の盛んな時代を迎えていた。このような事情が一躯の江島弁財天像の命脈を保ったのである。

なお、滋賀県にあるＭＩＨＯ　ＭＵＳＥＵＭ所蔵の「八臂弁才天坐像」の収納木箱蓋面に「金亀山與願寺伝来ノ宇賀八臂弁才天像」とあって江島から流出した像である可能性のあることが昨今わかった(サントリー美術館・龍谷大学龍谷ミュージアム展覧会図録『水―神秘のかたち』)。

第二節　江島神社の成立とその後

◇江島神社の祭神と弁財天

明治六年（一八七三）「江島神社」は郷社に列せられた。明治七年の「江島神社明細書上控」によれば「江島神社」としての祭神が次のように報告された。

多紀理比売命　奥津宮〈旧本宮御旅所〉
市寸嶋比売命　中津宮〈旧上之宮〉
田寸津比売命　辺津宮〈旧下之宮〉
天照皇大神　　窟屋祭神　（左奥）
須佐之男命　　〃　　　　（左奥）
三比売大神　　〃　　　　（右奥）

ここに江島神社は、旧三社に祀られていた弁財天像に代わって新たな神々を祀り出発したわけである。

だが考えてみれば、弁財天とこれら祭神はどのような関係があってのことだろうか。いいかえれば、これら神々が選択された理由はどこにあったのであろうか。

江島弁財天（明神）と神名などの関係を研究模索する動きが江戸時代からあった。『和漢三才図会』（正徳二年成）に江島の祭神は倉稲魂神《うかのみたまのかみ》（素盞烏尊女）とするような説が、また「江島三社弁財天来歴」（寛延二年版・文化三年再刻）も「先代旧事本紀大成経」を引いて神祇的な江島を語り、『江島大草子』（宝暦九年版）では江島明神を「富主媛命《とみぬしひめのみこと》」と主張し、また国学方面から弁財天が「倉稲魂神」とか「宇賀神《うがのかみ》」であるというような解釈も出されていたのも確かである。

しかし、江島神社の祭神は、多紀理比売命《たぎりひめのみこと》、市寸嶋比売命《いちきしまひめのみこと》、田寸津比売命《たぎつひめのみこと》の三柱が配祀されたのである。この三柱は、海上航海の安全などの信仰を集める宗像大社祭神の「宗像三女神」である。宗像大社は、筑前沖ノ島の沖津宮、同大島の中津宮、同田島の辺津宮（総社）の三社で構成され、そこに三神が祀られたと『古事記』に見える古社であった。巷間に、この三神は金華山（宮城県）、厳島、竹生島など水辺に弁財天を祀る所に坐す神であるから江島も同様の祭神であるべきだとする一説が、江戸時代にあったのも事実だ。だが、是沢恭三氏は、こうした三神と江島三社弁財天とを比定するような積極的な根拠はなく、江島にあった三所の社殿に単に合う「三神」を割り当てたに過ぎないとして、神仏分離政策にいち早く応じた江島神社創設期の事情からだと断じている（『江島弁財天信仰史』）。明治維新による神仏を判然とすべき政策から、江島神社が成立し江島は大きな変化に直面した。

◇参詣講中の解体

古くから連綿と続いてきた江島の弁財天信仰は表面上ここに終わったといってよい。幸いいくつか島内に残った弁財天像が主客の席を離れ脇へと追いやられてしまったことでこのことが十分に窺われよう。

こうした宗教制度の変革とそれに続く近代化という過程の中で江島は変貌を余儀なくされていく。本書は明治期以降について触れることを本旨としないが、近世の例祭が神道を中心とした祭祀に変わりながらも継承された一方、復飾した旧三坊の神主たちは江島神社にしばらく神勤しつつも旅館業へと主業を移し、島民御師たちもしばらくは配札廻檀に勤めたものの、これらも旅館業など民業に転じて行った。これは、江島弁財天を支えた近世的講中の解体、すなわち弁財天信仰の支持基盤組織の解消による参詣者の減少が背景にあったからだ。

◇交通の発達と観光地江島へ

だが、伝統的な参詣客に代わって新たなる客層の開拓に懸命な努力が続くさなか、折しも交通手段の発展が江島周辺に及んできた。鉄道関係について年表風にたどれば、明治二十年（一八八七）に東海道線の藤沢停車場、明治三十五年に通称「江ノ電」、昭和四年（一九二九）に通称「小田急江ノ島線」の開業と続いた。昭和四十六年には湘南モノレールも全線開通している。これらはそれぞれに駅舎を整備し利便性を周知して新しい来島客の増加に繋がっていったのも事実である。

しかし、いっぽうでこうした交通手段の発展・整備が江島参詣を「宿泊型より日帰り型の遊覧形態」へと転化させる（森悟朗「近代における神社参詣と地域社会」）ことになって、いわゆる近世的な弁財天信仰をともなった「江島詣」の営みはほとんど失われたのであった。

第三節　変貌する江島

◇名勝史蹟の江島と景観変化

江島の景観の変化について一寸触れておこう。

大正八年（一九一九）公布の「史蹟名勝天然紀念物保存法」により、昭和九年「名勝史蹟江ノ島」として国の史蹟名勝地の指定を受けた。立法の趣旨は、日本国土が急激な開発によって価値ある史蹟や名勝が損なわれないよう一定の行為に制限をかけるためであり、「江島」がとくに秀でた名勝なので、法に基づいて保護下におかれたのだが、反面で名勝や史蹟の破壊も危惧されたための措置でもあろう。

江島への渡海は徒歩・負越かあるいは渡船であった。この不便さからすでに明治後期に橋が架けられた。橋はいく度か流失に遭っていたのを、昭和二十四年（一九四九）になってコンクリート製の本格的な橋（弁天橋）に架け替えられたが、今までに無い架橋の出現は江島の景観に変化を与えたできごとであった。

大正十二年の関東大地震で島周辺が一メートルほど隆起し「聖天島」が陸続きとなって大きく景観・島姿を変じたこともあった。

昭和二十六年には江島の頂上に灯台が設置されて点灯を開始している。海難事故を防ぐため相模湾に浮かぶ江島が適地に選ばれたのであろうが、灯台の建設は景観を大きく変えたできごとであったに違いない。現在の灯台は二代目で平成十五年（二〇〇三）に新たなデザイン（シーキャンドル）で建て替えられた。昭和三十四年には「エスカー」の完成があって島内の遊覧を容易にした。

こうした江島の景観の変化について、ある人が段々と風景に馴染んできたようだと言っているのを聞いたことがある。さもあらんかと思う。時間がたてば、ひとつの景観として定着し個性を主張するようにもなろう。しかし、旧景観は元に決して戻ることはない。

　ところで、江島はいち早く西欧の文化と接触した歴史がある。安政六年（一八五九）横浜が開港されるにともなって外国人の行動範囲が「外国人遊歩規定」によって、開港場から一〇里（約四〇キロ）内に定められ、西は小田原の東（酒匂川）までとなった。江島はこの範囲内だから外国人らが鎌倉などの遊覧とともに訪れる機会も多くあったようで、住民は外国人と接触することも決して珍しいことではなかった。

　大森貝塚で知られるエドワード・S・モースは明治一〇年（一八七七）にシャミセンガイ研究のため江島に日本初の臨海研究施設を開設した。島内には顕彰記念碑があり、対岸にある「新江ノ島水族館」の前身であった「江の島水族館」は、モース博士の発案があって実現されたものであった（『モース博士と江の島』）。また、明治十五年に英人貿易商サムエル・コッキングが江島神社の菜園跡を買収し、近代的な植物園を開園した。現在は「江の島コッキング植物園温室遺構」が残る。これらのことも江島の変貌とともに記憶したい一側面である。

◇五輪開催の地「江の島」

　昭和三十九年（一九六四）の東京オリンピック大会のヨット会場に「江の島」が適地に選ばれた。これこそ景観上の大きな変換点となる出来事であった。これを機に、もう一本の橋（江

湘南港の築港　藤沢市文書館提供

の島大橋）が自動車専用道路として架けられた。また、ヨット会場のための新港整備が必要となり、「江の島湘南港」（湘南港・江の島ヨットハーバー）が埋め立てのうえ建設された。新たな景観の出現と予測されたので、史跡・名勝地「江島」の保存を巡って反対運動もおこった。結局は「史跡名勝」（「文化財保護法」）の解除をしたうえで新港の完成を見たのである。現在、江島が「神奈川県指定史跡名勝江ノ島」（「神奈川県文化財保護条例」）としてその保護下にあるに過ぎないのはこのためである。

この時の新港建設に伴い、猟師町の東の海岸と聖天島は埋め立てられ、江島自体も東に大きく拡大することとなった。その後ヨットハーバーとともに、神奈川県立婦人総合センター（かながわ女性センター：平成二十七年閉鎖）が建設された。

二〇二〇年に東京オリンピック・パラリンピック

開催が決まり、再び「江の島ヨットハーバー」が会場となり、セーリング競技が予定されている。マリンスポーツのメッカとなった「江の島」。しかしながら二度目のオリンピックを契機に、また江島に変貌の期が近づいているようだ。

江島が弁財天ともに生きてきた歴史は語りつづけられるであろう。だが、江戸の人たちに好まれた島姿やそここの景観は、もはや浮世絵でしか想いだせなくなる時を迎えるのであろうか。

◇今なお残る弁財天信仰と江島詣

明治維新後の神仏分離により辺津宮（旧下之宮）、中津宮（旧上之宮）、奥津宮（旧本宮御旅所）の三宮が新しい祭神を迎え成立し、これを統括する江島神社が誕生したことで、仏教的祭祀の「江島弁財天」はその主座を譲ることとなった。この時点で「江島詣」そそものあり方は変質したといってよい。

だが、現在でも島内には、江島神社奉安殿には八臂弁財天坐像、妙音弁財天坐像が安置され、旧別当の系譜にあたる岩本楼にも八臂弁財天坐像が保存されてある。島内を散策すれば、青銅鳥居、岩本楼、杉山検校の墓、福石、ミツウロコの紋様、宋国伝来の古碑、市村座・中村座の石灯籠、百味講中の寄進物、一遍上人成就水、伝源頼朝寄進の鳥居、亀石、稚児が淵、洞窟（岩屋）

日本三大弁財天江島神社の琵琶形案内板（瑞心門鳥居前）

など、豊かな史跡の遺っていることに改めて気づく。これらはすべて「弁財天」信仰の遺産なのである。

平成になって新たに「龍宮」と「龍恋の鐘」という新名所ができた。龍宮は岩屋洞窟の真上に当たるこの場所に創建され、龍恋の鐘は江島縁起の「天女と五頭龍」の恋物語に取材して新しくつくられた。

また、周囲を見渡せば、「竜宮」に模した小田急片瀬江ノ島駅の駅舎、弁天橋と稚児が淵を結ぶ遊覧船「べんてん丸」、通りの名「弁天小路」や店名、商品名など弁財天や江島縁起に因んだものは枚挙に暇がない。

現在の江島神社の大祭が、四月初巳と十月初亥の日に執行されているのも、かつて本宮岩屋から弁財天を旅所へ半年間移遷して祭祀を行っていた伝統を引き継いで祭礼日としているのである。

このように見ると、江島は弁財天とともに歩んだ歴史・伝統を今なお確実に残そうとしている。現在の江島神社が境内の案内やＨＰに「江島神社　日本三大弁財天」と誇らしく明示しているのもそうした基調を窺うに十分である。

日本屈指の観光地となった江島。多くの人々の訪れる現在の江島観光は「レジャー」的要素が強く、江戸時代の「江島詣」とはいささか質的な違いがあるようだ。しかし、昨今「パワースポット・江の島」などという言葉でも表されるように、現在の江島観光に「江島詣」と重なる人々の心情を感じることもできそうである。

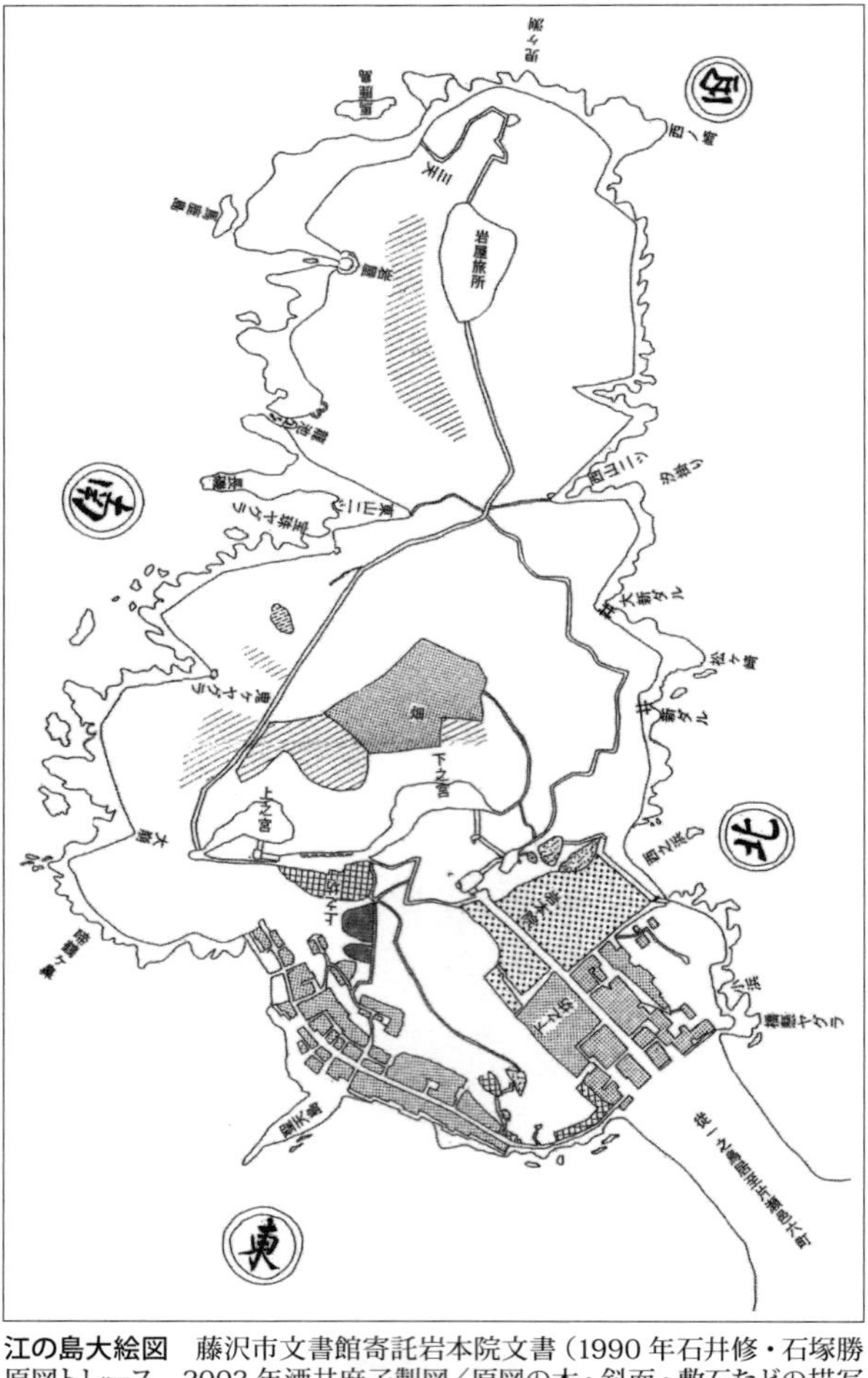

江の島大絵図　藤沢市文書館寄託岩本院文書（1990 年石井修・石塚勝原図トレース　2003 年酒井麻子製図〈原図の木・斜面・敷石などの描写は省略した〉）　藤沢市文書館画像提供

あとがき

藤沢で生まれた私は記憶にないが幼児のころから江島へ出かけていたようだ。父親が撮った写真に江島とともに自身が写っているのを見ると改めてお付き合いの長さを思う。

小学生の頃になると友人とよく江島で遊んだ。何が面白かったのかといえば岩屋の探検であった。暗闇の中、小さな灯りを頼りに奥へ奥へと進む妙な恐怖感と洞窟から抜け出した時の快感であったように思う。

江島の歴史などについて、先学に導かれつつ弁財天の信仰や展開に少しずつ興味を持ち、拙文にいくつかをまとめたことがあった。その典拠となった主たる史料が「岩本院文書」であった。「岩本院文書」は本宮をあずかる一山の惣別当であった旧岩本院に伝蔵した中世文書を含む近世にかけて四〇〇余点の貴重な史料群であり、先行研究をはじめ『藤沢市史』編纂時の史料目録や翻刻でいくぶんか承知していたものの、怠惰な生得から全貌を見ないままに過ごしてきた。

平成の中頃のことであろう。折節、藤沢市教育委員会から「岩本院文書」の近世史料部分についての調査と史料翻刻の事業についての相談があった。まこと幸いにもその一員に参加させていただき全史料との邂逅の機会を得た。その成果が仲間と共に翻刻した『江の島岩本院の近世古文書』であり、この経過なくして本書は決して生まれなかったと思っている。

それにしても小著をまとめるのは大変であった。江島神社宮司相原圀彦氏、岩本楼取締役前社長岩本泰明氏（故人）・現社長岩本文彦氏には資料の利用に際し特段のご高配を賜り、またここに至るまで、いちいちのご芳名は省略させていただくが、先輩、友人、あるいは鬼籍にはいられてしまった方々も含めれば、実に多くの方々からのご教示やご好意をうけた。改めて衷心より感謝の念を申し述べさせていただきたい。また、藤沢市文書館、藤沢市藤澤浮世絵館をはじめとする諸機関からは写真や資料の件でいろいろお世話になった。併せ篤くお礼を申し添えさせていただきたい。

なお、本書をまとめるにあたって、多くの先学の研究書や論文等から引用、利用させていただいた。できるだけ出典を明記するよう努めたが、なかには割愛させていただいたものも少なくない。ご了得を願うばかりである。

末筆になったが、この「あとがき」を書くにあたって、もう一度「江島」へ渡っておこうと天気のよい日を狙って出かけた。私なりの「江島詣」である。

水上バイクやヨットが島の周囲を駆け巡る。マリンスポーツ、マリンレジャーの「江の島」が定着したのであろう。二〇二〇年の東京オリンピックセーリング競技会場に決まったことでますます「海」の魅力を前面に押し出したかのような江島と映った。
だが、島内を散策すれば近世の「江島詣」がそこかしこに遺っている。江島は「弁財天」がまだ生きている。否、弁財天と切っても切れない歴史を誇りにしているように見えた。

鈴木良明

二〇一九年正月　亥年を迎えて

【出典・参考文献】

・本文中では煩雑さを避けるため出典・参考文献などは一部分を記すにとどめた。執筆にあたって参照した主要な文献について掲げ参考に供しておきたい。
・出典は概ね、史料名順、参考文献等は、編著者名、著作名順としそれぞれアイウエオ順にした。

【出　典】

▼あ

『新訂増補吾妻鏡』（国史大系　三二・三三）　吉川弘文館　二〇〇〇
「青砥稿花紅彩画」『黙阿弥名作選　第一巻』創元社　一九五二
「岩本院参詣者御祈祷・護摩・御札料等覚帳　上・下」『藤沢市史研究　第二五号・二六号』藤沢市文書館　一九九二・一九九三
「梅暦曙曽我」『鶴屋南北全集　第一二巻』三一書房　一九七九
「浮世柄比翼稲妻」『鶴屋南北全集　第九巻』三一書房　一九七四
『江の島岩本院の近世古文書』藤沢市教育委員会　二〇〇三
「江の島まうで浜のさざ波」『神奈川県郷土資料集成　第七輯　紀行編続』神奈川県図書館協会　一九七二
「江戸真砂六十帖」『燕石十種　第一巻』中央公論社　一九七九
『江戸名所図会　全六巻』角川文庫　一九八九
『近江國輿地志略　第二巻』（大日本地誌大系）雄山閣　一九七七
『小田原衆所領役帳』近藤出版社　一九六九

▼か

「海道記」『新編日本古典文学全集　四八　中世日記紀行集』小学館　一九九四
『鎌倉近世史料　極楽寺村編』鎌倉市教育委員会　一九六八
『新編鎌倉志』（大日本地誌大系）雄山閣　一九九八
『鎌倉市史　考古編』吉川弘文館　一九七二
「関東真言宗古義本末帳」『大日本近世史料　第九巻一　諸宗末寺帳・上』東京大学出版会　一九六八
『関八州古戦録』新人物往来社　一九七六
「渓嵐拾葉集―弁財天縁起」『大正新脩大蔵経　第七六巻　続諸宗部七』大蔵出版　一九九二
「元亨釈書」『大日本仏教全書　第一〇一冊』名著普及会　一九七九
「滑稽江之島家土産」『神奈川県郷土資料集成　第七輯　紀行編続』神奈川県図書館協会　一九七二
『御府内寺社備考　全八冊』名著出版　一九八六～一九八七

▼さ

『新編相模国風土記稿　全七巻』（大日本地誌大系）雄山閣　一九九八
「寺格帳」『続々群書類従　第一二』国書刊行会　一九〇七
『宗教制度調査資料　第一巻』原書房　一九七七
「十方庵遊歴雑記」『神奈川県郷土資料集成　第六輯　紀行篇相模国紀行文集』神奈川県図書館協会　一九六九
『改訂新編相州古文書　全五巻』角川書店　一九六五～一九七〇
『関原軍記大成』国史研究会　一九一六
「先代旧事本紀大成経一　論説編」『続神道大系』神道大系編纂会　一九九九

「曽我中村穐取込」『鶴屋南北全集　第一一巻』三一書房　一九七五
『相中留恩記略』有隣堂　一九六七

▼た

「大休和尚偈頌雑賦」『大日本仏教全書　第九六冊』名著普及会　一九八八
『太平記　全六巻』岩波文庫　二〇一四
「鶴岡八幡宮寺供僧次第」『鶴岡八幡宮寺諸職次第』鶴岡八幡宮　一九九一
『東都歳時記　二』平凡社東洋文庫　一九七五
『徳川実紀』（国史大系　三八～五二）吉川弘文館　一九九八～一九九九
『とはずがたり』（新潮日本古典集成）新潮社　二〇一七

▼な

「野津田村年代記」『町田市史史料集　第五集』町田市史編纂会　一九七二

▼は

「梅花無尽蔵」『続群書類従　第一二輯下』続群書類従完成会　一九七八
「幡随長兵衛精進俎板」『世話狂言傑作集　第二巻』春陽堂　一九二五
『藤沢市史　第一巻　資料編』藤沢市　一九七〇
『武江年表　一・二』平凡社東洋文庫　一九八八
『藤岡屋日記　第七巻』（近世庶民生活史料）三一書房　一九九〇
「富士大山道中雑記」『神奈川県郷土資料集成　第六輯　紀行篇相模国紀行文集』神奈川県図書館協会

一九六九
「本朝皇胤紹運録」『群書類従　第五輯』続群書類従完成会　一九七九
「北条記」『続群書類従　第二一輯上』続群書類従完成会　一九七九
▼ま
「武蔵国古義真言宗本末帳」『江戸幕府寺院本末帳集成　上』雄山閣　一九九九
『新編武蔵風土記稿　第三巻』（大日本地誌大系）雄山閣　一九九六
『新編明治維新神仏分離史料　第三巻』名著出版　一九八三
▼や・わ
「四親草」『神奈川県郷土資料集成　第六輯　紀行篇相模国紀行文集』神奈川県図書館協会　一九六九
『和漢三才図会　上・下』東京美術　一九七〇

【参考文献】

▼あ
網野善彦『無縁・公界・楽』平凡社　一九九六
伊藤一美「信者の歩いた「道」」『藤沢市史研究　第四八号』藤沢市文書館　二〇一五
岩本二郎『弁天小僧と岩本院』（私家版）一九七八
岩本二郎『江の島雑話』（私家版）
岩本二郎『江の島岩本楼今昔物語』（私家版）一九七五

石塚勝「江の島岩本坊の戦勝祈願」『かながわ文化財　第九三号』神奈川県文化財協会　一九九七
石塚勝「戦国期の江の島遷宮関連文書」『論集戦国大名と国衆　九　玉縄北条氏』岩田書院　二〇一二
卜部典子『人物事典　江戸城大奥の女たち』新人物往来社　一九八八
江の島の今昔展実行委員会編『江の島の今昔』一九八四
▼か

鎌倉市史編集委員会編『鎌倉市史　社寺編』吉川弘文館　一九六七
北村行遠『近世開帳の研究』名著出版　一九八九
呉文炳『鎌倉考』理想社　一九五九
呉文炳『江の島錦絵集成』理想社　一九六〇
五味文彦他編『現代語訳吾妻鏡　全一七巻』吉川弘文館　二〇〇七～二〇一六
是沢恭三『江島弁財天信仰史』江島神社
是沢恭三「文化財に現れた江島弁才天（一）」『神道美術』（二号）
是沢恭三「文化財に現れた江島弁才天（二）」『神道美術』（三号）
是沢恭三「相模国江島三坊の消長」『國史學　六三号』国史学会
今野達「真名本『江島縁起』考―本文の翻刻と訓読」『わが住む里　第四一号』藤沢市総合市民図書館　一九九〇

▼さ

佐々木康之他編『水―神秘のかたち』（展覧会図録）サントリー美術館・龍谷大学龍谷ミュージアム　二〇一五

島田一郎（筑波）『江の島と音曲』県社江島神社　一九二九
島田筑波『江の嶋弁天と杉山検校―並に本所一ツ目弁天の由来』史蹟名勝天然紀念物保存協会　一九二九
島田筑波『江島神社と杉山検校』江島神社
下山治久「戦国期の江ノ島関連文書の研究　上・下」『藤沢市史研究　第四一・四二号』藤沢市文書館　二〇〇八・二〇〇九
塩澤寛樹「江島神社像の作風と制作年代」『鎌倉時代造像論』吉川弘文館　二〇〇九
鈴木良明『近世仏教と勧化』岩田書院　一九九六
▼た
玉村竹二・井上禅定『円覚寺史』春秋社　一九六四
圭室文雄「江の島岩本院における本末制度の確立」『藤沢市史研究　第一号』藤沢市　一九七〇
圭室文雄「江の島参り」『藤沢市史　第五巻　通史編』藤沢市　一九七四
塚本善隆編『望月仏教辞典』世界聖典刊行会　一九七〇
鶴岡八幡宮『鶴岡八幡宮年表』鶴岡八幡宮　一九九六
遠山元浩編『特別展　江嶋縁起』遊行寺宝物館　二〇一七
鳥居和郎「戦国時代における参詣活動について―相・甲間の政治状況との関連から」『都市・近郊の信仰と遊山・観光』雄山閣　一九九九
▼な
中山成彬『江の島と歌舞伎』江ノ電沿線新聞社　二〇〇〇

長浜市長浜城歴史博物館『竹生島宝厳寺の歴史と寺宝』二〇一〇
永峰光壽「江ノ島所在杉山検校墓所の疑問に就いて」『史蹟名勝天然紀念物』(第七集第五号) 一九三二
楢崎宗重編『広重武相名所旅絵日記』鹿島出版会 一九七六
納富常天「江の島に関する二・三の資料」『金澤文庫研究 第一八巻第四号』神奈川県立金沢文庫 一九七二

▼は

服部清道「江島神社の神仏分離と文化財」『藤沢市文化財調査報告書 第二〇集』藤沢市教育委員会 一九八五
服部清道「神仏分離その後」『藤沢市文化財調査報告書 第二一集』藤沢市教育委員会 一九八六
服部清道「江の島鳥居の由来」『わが住む里 第一四号』藤沢市図書館 一九六三
服部幸雄編『歌舞伎事典』平凡社 二〇一一
原淳一郎『近世寺社参詣の研究』思文閣出版 二〇〇七
原淳一郎『江戸の旅と出版文化』三弥井書店 二〇一三
原淳一郎『江戸の寺社めぐり—鎌倉・江ノ島・お伊勢さん』吉川弘文館 二〇一一
彦根市史編集委員会編『新修彦根市史 第二巻』彦根市 二〇〇八
比留間尚『江戸の開帳』吉川弘文館 一九八〇
藤沢市編『藤沢市藤澤浮世絵館所蔵作品集』藤沢市 二〇一六
藤沢市教育委員会編『江の島浮世絵』藤沢市教育委員会 一九八四
藤沢市教育委員会生涯学習課編『江の島縁起絵巻』藤沢市教育委員会 二〇〇〇

藤沢市史編さん委員会編『藤沢市史　第四巻　通史編』藤沢市　一九七二
藤沢市史編さん委員会編『藤沢市史　第五巻　通史編』藤沢市　一九七四
藤川文子編集『モース博士と江の島　藤沢市史ブックレット　九』藤沢市文書館　二〇一八
藤原自雄・光岡裕・和久田哲司「杉山和一に関する調査報告―江ノ島道の道標と各地の遺徳顕彰碑など」（筑波技術大学テクノレポート）二〇〇九
藤沢市文書館編『歴史をひもとく藤沢の資料　3片瀬地区』藤沢市文書館　二〇一八
福島金治「鶴岡八幡宮の成立と鎌倉生源寺・江ノ島」『都市・近郊の信仰と遊山・観光』雄山閣　一九九九
福田千鶴『江の生涯』中公新書　二〇一〇
福原敏男『円覚寺弁才天洪鐘祭附祭絵巻研究成果報告書』（かながわの伝統文化の継承と創造プロジェクト）二〇一七

▼ま

丸岡桂編『古今謡曲解題』古今謡曲解題刊行会　一九八四
森悟朗「近代における神社参詣と地域社会」『日本文化と神道　第二号』國學院大學　二〇〇六

▼や・わ

脇水鐵五郎『地質学より見たる江ノ島岩屋』江島神社　一九三二

江島詣──弁財天信仰のかたち
二〇一九（平成三十一）年二月十五日　初版第一刷発行
著者　鈴木良明

発行者──松信　裕
発行所──株式会社　有隣堂
本　社　横浜市中区伊勢佐木町一─四─一　郵便番号二三一─八六二三
出版部　横浜市戸塚区品濃町八八一─一六　郵便番号二四四─八五八五
電話〇四五─八二五─五五六三
印刷──図書印刷株式会社

ISBN978-4-89660-230-2 C0221

定価はカバーに表示してあります。
落丁・乱丁はお取り替えいたします。

デザイン原案＝村上善男

有隣新書刊行のことば

国土がせまく人口の多いわが国においては、近来、交通、情報伝達手段がめざましく発達したためもあって、地方の人々の中央志向の傾向がますます強まっている。その結果、特色ある地方文化は、急速に浸蝕され、文化の均質化がいちじるしく進みつつある。その及ぶところ、生活意識、生活様式のみにとどまらず、政治、経済、社会、文化などのすべての分野で中央集権化が進み、生活の基盤であるはずの地域社会における連帯感が日に日に薄れ、孤独感が深まって行く。われわれは、このような状況のもとでこそ、社会の基礎的単位であるコミュニティの果たすべき役割を再認識するとともに、豊かで多様性に富む地方文化の維持発展に努めたいと思う。

古来の相模、武蔵の地を占める神奈川県は、中世にあっては、鎌倉が幕府政治の中心地となり、近代においては、横浜が開港場として西洋文化の窓口となるなど、日本史の流れの中でかずかずのスポットライトを浴びた。

有隣新書は、これらの個々の歴史的事象や、人間と自然とのかかわり合い、ときには、現代の地域社会が直面しつつある諸問題をとりあげながらも、広く全国的視野、普遍的観点から、時流におもねることなく地道に考え直し、人知の新しい地平線を望もうとする読者に日々の糧を贈ることを目的として企画された。

古人も言った、「徳は孤ならず必ず隣有り」と。有隣堂の社名は、この聖賢の言葉に由来する。われわれは、著者と読者の間に新しい知的チャンネルの生まれることを信じて、この辞句を冠した新書を刊行する。

一九七六年七月十日　有　隣　堂